essentials

essentials liefern aktuelles Wissen in konzentrierter Form. Die Essenz dessen, worauf es als „State-of-the-Art" in der gegenwärtigen Fachdiskussion oder in der Praxis ankommt. *essentials* informieren schnell, unkompliziert und verständlich

- als Einführung in ein aktuelles Thema aus Ihrem Fachgebiet
- als Einstieg in ein für Sie noch unbekanntes Themenfeld
- als Einblick, um zum Thema mitreden zu können

Die Bücher in elektronischer und gedruckter Form bringen das Fachwissen von Springerautor*innen kompakt zur Darstellung. Sie sind besonders für die Nutzung als eBook auf Tablet-PCs, eBook-Readern und Smartphones geeignet. *essentials* sind Wissensbausteine aus den Wirtschafts-, Sozial- und Geisteswissenschaften, aus Technik und Naturwissenschaften sowie aus Medizin, Psychologie und Gesundheitsberufen. Von renommierten Autor*innen aller Springer-Verlagsmarken.

Weitere Bände in der Reihe https://link.springer.com/bookseries/13088

Gottfried Richenhagen ·
Hans-Dieter Schat

Vorschlagswesen zur Innovation in der Öffentlichen Verwaltung

Mitarbeiterinnen und Mitarbeiter treiben die Veränderung

Gottfried Richenhagen
Institut für Public Management
FOM Hochschule
Essen, Deutschland

Hans-Dieter Schat
Institut für Public Management
FOM Hochschule
Essen, Deutschland

ISSN 2197-6708   ISSN 2197-6716   (electronic)
essentials
ISBN 978-3-658-37058-9   ISBN 978-3-658-37059-6   (eBook)
https://doi.org/10.1007/978-3-658-37059-6

Die Deutsche Nationalbibliothek verzeichnet diese Publikation in der Deutschen Nationalbibliografie; detaillierte bibliografische Daten sind im Internet über http://dnb.d-nb.de abrufbar.

Planung/Lektorat: Rolf-Günther Hobbeling
Springer Gabler ist ein Imprint der eingetragenen Gesellschaft Springer Fachmedien Wiesbaden GmbH und ist ein Teil von Springer Nature.
Die Anschrift der Gesellschaft ist: Abraham-Lincoln-Str. 46, 65189 Wiesbaden, Germany

Was Sie in diesem *essential* finden können

- Grundlagen, Definitionen, Geschichte von Ideenmanagement und Vorschlagswesen
- Eine Blaupause, wie man erfolgreich Ideenmanagement einführt - speziell in der Öffentlichen Verwaltung
- Erfolgsfaktoren für das Ideenmanagement, und wie sie in der Öffentlichen Verwaltung umgesetzt werden
- Informationsquellen und Literatur
- Ein Register, damit Sie alle diese Dinge wirklich finden

Vorwort

Vor mehr als 30 Jahre habe ich (HDS) meine erste richtige Arbeitsstelle ange-treten: Aufbau des PC-Benutzerservice in einer größeren Organisation. Damals, Ende der 1980er Jahre, waren für viele Beschäftigte PCs ziemlich unbekannt. Aber es gab auch einige Menschen in der Organisation, die sich gut auskannten. Einige hatten den PC regelrecht zum Hobby gemacht.

Diese Hobby PC Techniker hatten natürlich viele gute Ideen, wie man PCs in der Organisation noch besser einsetzen könnte. Doch wohin mit diesen Ideen? Wem konnte man erzählen, welche Verbesserungsvorschläge an der ein oder anderen Stelle nahe liegen?

Die eigene Führungskraft hatte in den wenigsten Fällen EDV-Erfahrung. Die Führungskraft war also nicht die optimale Stelle, um einen Verbesserungsvor-schlag einzureichen.

Da bot sich das betriebliche Vorschlagswesen an. Hier konnten die Kollegen Verbesserungsvorschläge einreichen. Diese haben wir in der Organisations- und EDV-Abteilung dann begutachtet. Viele Vorschläge konnten wir umsetzen. Hier-für bekamen die Kollegen Prämien ausbezahlt. So konnte die Organisation besser arbeiten, die Kollegen erhielten zusätzliches Einkommen, und ich kam in Kontakt mit dem betrieblichen Vorschlagswesen.

Später habe ich dann selbst Vorschläge entwickelt und eingereicht. Noch später wurde ich Führungskraft und damit der Empfänger von Vorschlägen. Und wieder einige Jahre später habe ich beim Fraunhofer Institut für System- und Innovati-onsforschung gearbeitet. Dort wurde ich dann Beauftragter für das Betriebliche Vorschlagswesen.

Nun habe ich also in allen Funktionen gearbeitet, die es im betrieblichen Vorschlagswesen gibt. Aktuell bin ich Wissenschaftler und gebe beispielsweise immer wieder Studien zum Ideenmanagement heraus (https://ideenmanagement-studie.de/) und veröffentliche neue Erkenntnisse auf dem Ideenmanagement-Blog.de. Und ich schreibe Bücher, kleinere Bücher zu speziellen Themen wie dieses Buch hier, und auch größere Bücher wie das „Erfolgreiche Ideenmanagement in der Praxis".

Noch ein Wort zur Sprache: Wenn wir in diesem Buch von Einreichern, Gutachtern, Führungskräften etc. schreibe, dann sind immer Einreicherinnen, Gutachterinnen und Führungskräfte jeden Geschlechts mit gemeint. Wir hoffen, dass das Buch auf diese Weise flüssiger lesbar wird. Und es ist für uns selbstverständlich, dass mit diesen Oberbegriffen immer alle Geschlechter angesprochen werden.

Hinter dem betrieblichen Vorschlagswesen steht die Idee, immer besser werden zu wollen. Sei es durch große, sei es durch kleine Verbesserungen. Auch dieses Buch soll (in folgenden Auflagen) immer besser werden. Wenn Ihnen hierzu etwas auffällt, so sprechen Sie uns gerne an. Am besten erreichen uns unter mail@HDSchat.de. Vielen Dank!

Wesel und Frankfurt am Main   Gottfried Richenhagen
21.12.2021   Hans-Dieter Schat

Inhaltsverzeichnis

Über die Autoren

Prof. Dr. Gottfried Richenhagen, Prof. für Allgemeine Betriebswirtschaftslehre, insbes. Personalmanagement lehrt und forscht an der FOM-Hochschule für Oekonomie und Management, gGmbH in Essen.

Nach einer wissenschaftlichen Tätigkeit war er als Technologieberater bei der Technologieberatungsstelle in Oberhausen tätig. Dort übte er verschiedene leitende Funktionen aus.

Von 1999 bis Anfang 2011 war Gottfried Richenhagen Referatsleiter „Arbeit und Gesundheit" und stellvertretender Gruppenleiter der Gruppe „Beschäftigungsfähigkeit und Berufliche Bildung" im nordrhein-westfälischen Arbeitsministerium. Er war dort insbesondere mit Fragen des demografischen Wandels in der Arbeitswelt sowie mit der Neuausrichtung des Arbeits- und Gesundheitsschutzes in NRW befasst.

Zum 1. März 2011 wurde er auf eine Professur an der FOM Hochschule für Oekonomie und Management gGmbH berufen. Er ist Direktor des Institutes für Public Management (ifpm) der FOM Hochschule (fom-ifpm.de).

Prof. Dr. Richenhagen hat zahlreiche Veröffentlichungen verfasst, er erhält regelmäßig Vortragseinladungen und führt zahlreiche Seminare und Beratungen zu verschiedenen Themen des Personalmanagements und des strategischen Managements durch. Mit rlc – richenhagen|consult berät er Unternehmen und Verwaltungen in diesen Themen.

Dr. Hans-Dieter Schat, Jahrgang 1961, war Einreicher und Gutachter bei Daimler, Führungskraft in der Erwachsenenbildung und Beauftragter für das betriebliche Vorschlagswesen beim Fraunhofer Institut für System- und Innovationsforschung. Nun lehrt er Personal an der FOM Hochschule für Oekonomie und Management und ist als Dozent, Autor und Blogger für betriebliches Vorschlagswesen und Ideenmanagement. Aktuelles findet sich auf dem IdeenmanagementBlog.de.

Die Behörde verändert sich

1

Die öffentliche Verwaltung hat schon viele Veränderungswellen durchgemacht. Die Schlagworte hießen Neues Steuerungsmodell, Bürokratie- und Aufgabenkritik, Schlanker Staat, Bürgerkommune, aktivierender Staat u. v. a. mehr. Einiges davon war erfolgreich, anderes wiederum wurde in langen Schleifen und auf den verschiedenen staatlichen Ebenen hin- und her diskutiert. Was jetzt aber ansteht, kann nur aufgeschoben, nicht aber aufgehoben werden, die Digitalisierung.

Der Deutsche Bundestag hat nämlich schon 2017 das Onlinezugangsgesetz (OZG) beschlossen, nach dem Bund und Länder die 575 wichtigsten ihrer Verwaltungsleistungen bis Ende 2022 auch elektronisch über Verwaltungsportale anbieten müssen. Dies ist und wird noch ein gewaltiger Kraftakt werden, von dem nicht wenige, z. B. der Nationale Normenkontrollrat oder der wissenschaftliche Beirat des Bundeswirtschaftsministeriums sagen, dass er sicherlich noch in die Verlängerung wird gehen müssen.

Neben die Max-Weber-Verwaltung, die heute noch umfänglich und vielfach praktiziert wird, tritt damit in Zukunft die digitale Verwaltung. Der Weg dahin ist noch weit, aber es winkt ein attraktives Zukunftsbild, das der Digitalverband Bitkom folgendermaßen beschrieben hat:

> „Die Bürger im Digitalen Deutschland stehen nicht mehr Schlange im Amt, sondern loggen sich bequem von zu Hause in ihr zentrales Servicekonto ein. Sie können Verwaltungsvorgänge digital, zeitsparend und vor allem sicher erledigen; Services sind nutzerfreundlich und lebenslagenorientiert aufgebaut. Informationen müssen nicht mehrfach eingegeben und gespeichert werden, weil Daten über Schnittstellen sicher zwischen Systemen ausgetauscht werden. Unternehmen können von ihrer Gründung bis hin zur Bezahlung von E-Rechnungen alle Verwaltungsdienstleistungen über ihr Unternehmenskonto abwickeln. Leitprinzip ist „digital first": Der Online-Kanal ist der priorisierte Zugang zur Verwaltung. Auch zwischen den Mitgliedsstaaten der

© Der/die Autor(en), exklusiv lizenziert durch Springer Fachmedien Wiesbaden GmbH, ein Teil von Springer Nature 2022
G. Richenhagen und H.-D. Schat, *Vorschlagswesen zur Innovation in der Öffentlichen Verwaltung*, essentials,
https://doi.org/10.1007/978-3-658-37059-6_1

1

Europäischen Union ist der digitale Datenaustausch auf Verwaltungsebene Standard"
(Bitkom, 2020, S. 30).

Die Größe der Aufgabe kann kaum überschätzt werden (vgl. zum folgenden Mergel u. a.). Es geht um eine Revision von Kernprozessen und Dienstleistungen des
Regierungshandelns entlang eines Kontinuums von analog zu digital. Bestandteil
ist zudem eine vollständige Überprüfung von Richtlinien, aktuellen Prozessen
und Benutzungsanforderungen. Im Ergebnis resultiert eine komplette Revision
von existierenden und eine Schaffung von neuen digitalen Diensten.

Die digitale Transformation, wie sie aufgrund ihres umfassenden Charakters
auch genannt wird, ist im Kern auch eine Reform der Zuständigkeiten, eine
"Funktionalreform" (Bogumil/Ebener, 2011). Aus der Sicht der Organisations-
wissenschaften handelt es sich um einen Change Prozess mit einem Wandel 2.
Ordnung, einem radikalen Wandel (Vahs, 2015, S. 265).

In solch´ einer Situation fallen einem mancherlei Hürden und Hindernisse, vor
allem technischer Natur ein, die das Ganze bremsen oder zu Fall bringen könnten.
Der Bund, jedes Land, ja fast jede Gemeinde operieren nach andern technischen
Standards und haben ihre eigenen Systeme und Vorlieben. Viel gravierender
ist jedoch das, was in den 1970er-Jahren schon Politikverflechtung genannt
wurde (vgl. Münch, 2021): „Die meisten öffentlichen Aufgaben in Deutschland
(werden) nicht durch Entscheidungen und Handlungen einzelner getrennt von-
einander handelnder Einheiten … wahrgenommen, sondern durch Kooperation
auf horizontaler und vertikaler Ebene" (a.a.O). Daraus resultiert eine „Politikver-
flechtungsfalle", der man nicht durch einen großen Wurf, sondern nur in kleinen
Schritten, inkrementell, also in Form von Anpassungsreformen entkommen kann.

Dazu bedarf es einer Veränderung der Verwaltungskultur, die als buttom-up-
Prozess gestaltet werden muss (vgl. Mergel, 2019).

Damit kommen die Beschäftigten in´s Spiel, sie müssen Ideen haben, Innovationen finden und Vorschläge machen. „Sei innovativ, Verwaltung!", schrieb
Herrmann Hill 2018 zum ersten Mal und aktualisierte diesen Aufruf dann
2019 (Hill, 2019). Er beklagte damit wohl auch die von Ritz und Thom fest-
gestellte „Innovationsträgheit" in öffentlichen Verwaltungen (Ritz/Thom, 2017,
S. 124 ff.). Diese beginnt sich erst langsam in eine positive Richtung zu verändern
(Richenhagen/Schat, 2019).

Neben der Digitalisierung ist der Trend zur Agilität ein weiterer Treiber
der Innovation und damit auch des Betrieblichen Vorschlagswesens. Denn es
wird von Wissenschaft und Praxis vermehrt die Forderung nach Agilität in der
öffentliche Verwaltung erhoben (vgl. z. B. Hill, 2018). Das Wort „agil" stammt
aus dem Lateinischen und bedeutet so viel wie flink, wendig und beweglich

(Dudenredaktion, 2017). Synonyme für diesen Begriff sind betriebsam, beweglich, energiegeladen, geschäftig, geschickt, gewandt, lebhaft, quecksilbrig, rege, rührig, temperamentvoll, unruhig, vital, wendig und regsam (https://www.duden.de/rechtschreibung/agil, heruntergeladen am 28.05.2019).

Es hat sich noch keine allgemein akzeptierte Definition von Agilität als Organisations- oder Managementprinzip in der Wissenschaft herausgebildet und erst recht noch keine allgemein akzeptierte Definition davon, was eine Agile Verwaltung sein soll. Wernham versteht darunter eine Verwaltung, die fähig ist, schnell die Richtung des Verwaltungshandelns zu ändern, wenn unvorhergesehene und unvorhersehbare Umstände eintreten (Wernham, 2012, S. xxviiif). Bei Richenhagen (2017) findet sich eine Definition, die auf die praktizierte Vorgehenslogik des „klugen Scheiterns" oder des „gescheiten Scheiterns" abhebt.

Hill sieht in der Agilität einen Leitbegriff, der im Rahmen eines neuen Paradigmas das betriebswirtschaftliche Denken in Theorie und Praxis bestimmen könnte (Hill, 2015, S. 402) und legt dar, wie Agiles Verwaltungshandeln im Rechtsstaat möglich ist (Hill, 2018).

Agilität erfordert aber noch mehr als die Webersche Verwaltung eine verstärkte Innovationstätigkeit, eine Überwindung der „Innovationsträgheit", die im öffentlichen Sektor festzustellen ist. Bei agilen Organisationsformen müssen nämlich Innovation und Flexibilität sehr viel stärker ausgeprägt sein als Effektivität und Effizienz, die bei der Weberschen Verwaltung im Vordergrund stehen. Aus diesem Grunde erscheint es lohnenswert, auch auf das Ideenmanagement in öffentlichen Verwaltungen Wert zu legen, da es ganz erheblich zur Steigerung der Innovation beitragen kann.

... und dann kam Corona 2

Ab etwa März 2020 haben sich viele Verwaltungen schnell und effizient auf die mit Corona gegebenen Einschränkungen umgestellt und damit schon viele Innovationsprojekte angestoßen. Häufig haben die Beschäftigten selbst Lösungen gesucht und gefunden. Als Kerngedanken von Ideenmanagement kann man sehen: „Beschäftigte optimieren ihre Prozesse". So gesehen wurde in den letzten Monaten der Kerngedanke von Ideenmanagement so häufig umgesetzt wie selten zuvor.

Die Corona-Krise hat den Beschäftigten der öffentlichen Verwaltungen nämlich direkt und indirekt schnelles Reagieren abverlangt, direkt im Gesundheitswesen in der Behandlung von Infizierten und der Betreuung von Kontaktpersonen und anderen Gefährdeten. Indirekt etwa im Bereich des Arbeitsschutzes, der Bereitstellung von Testkapazitäten bis hin zur Umsetzung von Anpassungen im Steuerrecht.

Was aber kommt, wenn die Corona-Krise vorbei ist? Wie wird sich das Leben ändern? Ja, „Vorhersagen sind schwierig, vor allem, wenn sie die Zukunft betreffen" (wird verschiedenen Autoren zugeschrieben), aber einige Trends erscheinen dann doch wahrscheinlich:

- Mehr Beschäftigte werden häufiger im Homeoffice arbeiten und arbeiten wollen. Daher müssen Verwaltungen verstärkt so organisiert werden, dass Homeoffice möglich ist. Dies besonders dort, wo ein direkter persönlicher Kontakt zum Bürger nicht notwendig ist. Andere Beschäftigte möchten in ihrem Dienstzimmer arbeiten, mit persönlichem Kontakt zu Kollegen. Damit ist eine hohe Flexibilität der Verwaltungsanwendungen notwendig. Auch die Kommunikation innerhalb einer Verwaltung wird nur teilweise wieder zu normalen Besprechungen zurückkehren und teilweise bei Videokonferenzen bleiben.

G. Richenhagen und H.-D. Schat, *Vorschlagswesen zur Innovation in der Öffentlichen Verwaltung*, essentials, https://doi.org/10.1007/978-3-658-37059-6_2

- Ob Masken, Schnelltests, Impfstoff, Halbleiter-Chips oder andere Produkte, die weniger im Rampenlicht stehen: Für eine Reihe von Produkten hat sich die globale Wertschöpfungskette als problematisch erwiesen. Produktions(rück)verlagerungen nach Deutschland oder zumindest nach Europa werden häufiger. Unabhängig von Corona legen auch Fortschritte in der Produktionstechnik nahe, Produktionsprozesse neu aufzusetzen. Industrie 4.0 als Kombination von Informations-, Kommunikations- und Produktionstechnik ist die Ursache, die Corona-Krise der Anlass für eine Neugestaltung der Produktion. Selbstverständlich ist von den hierfür notwendigen Genehmigungsverfahren und dem begleitendem Handeln der öffentlichen Verwaltung nur ein Teilbereich betroffen. Aber die erwarteten Produktionsverlagerungen sind ein Beispiel, wie sich das Verhalten von Unternehmen und Bürgern ändert und dies die öffentliche Verwaltung vor neue Herausforderungen stellt.
- Gesundheit ist nicht selbstverständlich. Auch das hat uns Corona gelehrt. Betriebliches Gesundheitsmanagement wird ein wichtiger Faktor, wenn Fachkräfte gewonnen und gehalten werden sollen. Grundsätzlich ist hier der öffentliche Bereich nicht schlecht aufgestellt, hier finden sich manche Angebote, die gerade in kleineren privaten Unternehmen fehlen. Andererseits zeigt sich im Bereich der Gesundheitsförderung der öffentlichen Verwaltungen durchaus noch Verbesserungspotential.
- Unser Privatleben wird sich nicht in allen Bereichen ändern. Aber manche Menschen werden bewusster entscheiden, wie sie leben möchten. Das bedeutet für öffentliche Verwaltungen: Die Erwartungen und das Verhalten von Kunden ändert sich. Die Richtung und die Intensität dieser Veränderungen lassen sich schwer vorhersagen: Eine Krise wie die jetzige Corona-Krise gab es in unserer Zeit noch nicht.

Beispielsweise schrieb das Handelsblatt am 1. April 2021: „Es ist mittlerweile ein Allgemeinplatz, dass die deutsche Wirtschaft in den kommenden Jahren einen gewaltigen Transformationsprozess durchschreiten wird. Sie muss digitaler und ökologischer werden, um neue Arbeitsplätze und zukünftigen Wohlstand zu schaffen […] Doch der deutsche Staat ist in vielen Bereichen nicht handlungsfähig. Diese Defizite gefährden die erfolgreiche Transformation der Wirtschaft. Deshalb muss die Politik eine grundlegende Verwaltungsreform zur Stärkung der staatlichen Handlungskapazitäten in die Wege leiten." (Krebs 2021, S. 10).

Zusammengefasst: Die Coronazeit wird als Beschleunigung für Digitalisierung erlebt. Sie ist aber ebenso eine Beschleunigung und Intensivierung für den Veränderungsprozess in der öffentlichen Verwaltung.

Was ist ein Vorschlagswesen (Definitionen und Ziele)?

3

3.1 Historischer Rückblick

Vor 200 Jahren arbeiteten viele Menschen in kleinen Betrieben. Der Chef war „vor Ort", wusste, was im Betrieb passiert, hat oft selbst mitgearbeitet. Wenn man etwas besser machen konnte, dann hat man dies direkt mit ihm besprochen. Und wenn die Idee gut war, dann wurde sie umgesetzt.

Dann kam die Industrialisierung. Die Unternehmen wurden immer größer. Bei mehreren Tausend Beschäftigten kann kein Chef mehr genau wissen, was wo passiert. Eine neue Schicht von Vorarbeitern, Meistern und Ingenieuren entstand. Diese waren oft mehr daran interessiert, dass die Dinge reibungslos weiterlaufen. Verbesserungen waren nicht immer in ihrem Interesse. Aber Verbesserungen waren immer möglich und auch oft nötig. Wie konnten die Führungskräfte erfahren, was die Arbeiter an Verbesserungsmöglichkeiten sehen?

Dazu entwickelten Alfred Krupp und andere Industrielle Ende des 19. Jahrhunderts das betriebliche Vorschlagswesen.

Zunächst wurden die Verbesserungsvorschläge von Arbeitern direkt bei der Geschäftsführung eingereicht. Später dann gab es eine Verwaltungsstelle, die die Vorschläge entgegennahm, der Geschäftsführung vorlegte und die Entscheidung den Einreichern mitteilte.

Das betriebliche Vorschlagswesen war geboren, also eine Einrichtung, durch die Arbeiter Verbesserungsvorschläge bei ihrem Arbeitgeber einreichen können. Für umgesetzte Vorschläge sind Prämien gezahlt worden.

Später gab es das betriebliche Vorschlagswesen nicht nur in Industriebetrieben. Auch in Dienstleistungsunternehmen und in Verwaltungen wurde es eingerichtet. Nicht nur Arbeiter dürfen Verbesserungsvorschläge einreichen, sondern auch

© Der/die Autor(en), exklusiv lizenziert durch Springer Fachmedien Wiesbaden GmbH, ein Teil von Springer Nature 2022
G. Richenhagen und H.-D. Schat, *Vorschlagswesen zur Innovation in der Öffentlichen Verwaltung*, essentials,
https://doi.org/10.1007/978-3-658-37059-6_3

Beamte und Angestellte. Allerdings ist das betriebliche Vorschlagswesen in öffentlichen Institutionen nicht sehr verbreitet. 2006.

Kennzeichnend ist der Fokus auf jene Beschäftigten, die die eigentlichen Produkte erstellen oder die die Dienstleistung erbringen: Arbeiter, kaufmännische Angestellte, Pflegekräfte, einfache Beamte. In einigen Organisationen sind leitende Beschäftigte sogar ausdrücklich vom betrieblichen Vorschlagswesen ausgeschlossen.

3.2   Aufbau eines Vorschlagswesens

Nur in ganz kleinen Unternehmen werden die Verbesserungsvorschläge direkt beim Chef oder Behördenleiter eingereicht. Diese erhält heute oft ein „Beauftragter für das Betriebliche Vorschlagswesen". In sehr traditionellen Organisationen heißt dieser Mensch auch „Beauftragter für das Betriebliche Vorschlags-Verwaltungswesen". Fortschrittlicher ist die Bezeichnung „Ideenmanager", manchmal übernimmt auch ein Koordinator für den kontinuierlichen Verbesserungsprozess oder für agiles Vorgehen diese Aufgabe. Doch für den Erfolg des Vorschlagswesens ist es nicht wichtig, wie dieser Beauftragte genannt wird. Wichtig ist, was er tut.

Ebenfalls nur in ganz kleinen Unternehmen kann der Chef selbst beurteilen, ob ein Vorschlag gut ist und umgesetzt werden soll. Meist fehlt der Behördenspitze einfach das Fachwissen. Dann wird ein Experte oder ein Gremium beauftragt, den Verbesserungsvorschlag zu begutachten.

Schließlich können Grundsätze des betrieblichen Vorschlagswesens mitbestimmungspflichtig sein, wie noch in einem späteren Kapitel erläutert wird.

Wenn das Gutachten über den Verbesserungsvorschlag vorliegt, dann muss über die Realisierung und über die Prämienhöhe entschieden werden. Die Zuständigkeit dafür, kann sich nach verschiedenen Regeln richten. Die Einzelheiten werden im Folgenden unter der Überschrift „Modelle für das Ideenmanagement" behandelt. Häufig wird ein eigenes Gremium eingerichtet: Die Kommission.

3.2.1   Einreicher, Beauftragter für das betriebliche Vorschlagswesen, und die Gutachter

Einreicher sind Beschäftigte, die einen Verbesserungsvorschlag eingereicht haben – so lautet zumindest die traditionelle Definition. Das ist auch heute noch richtig, muss aber an zwei Punkten aufgeweitet werden.

In manchen Verwaltungen können auch Menschen Verbesserungsvorschläge einreichen, die nicht Beamte oder Angestellte dieser Verwaltung sind, dort aber arbeiten. Das können Leih- oder Zeitarbeiter sein, oder Monteure, die gerade eine Maschine aufbauen oder ein Gerät warten. Auch Kollegen einer anderen Verwaltung, die gemeinsam an einem Projekt arbeiten, kommen zuweilen auch infrage.

Qualitativ gute Verbesserungsvorschläge werden häufig nicht von einem einzelnen Beschäftigten alleine ausgearbeitet, sondern von einer Gruppe gemeinsam entwickelt. Bei solchen Gruppenvorschlägen gilt jeder als „Einreicher".

Was sind die Aufgaben eines „Beauftragten für das betriebliche Vorschlagswesen"? Er

- sammelt Verbesserungsvorschläge ein,
- dokumentiert die Einreichung,
- holt Gutachten ein,
- legt Vorschläge und Gutachten der Kommission und/oder den zuständigen Führungskräften zur Entscheidung vor,
- veranlasst die Auszahlung der Prämien und
- überwacht und dokumentiert die Umsetzung der Verbesserungsvorschläge.

In der Praxis finden sich riesige Unterschiede. Es gibt die „Verwalter", die in ihren Büros sitzen und darauf warten, dass irgendjemand zu irgendeinem Thema einen Verbesserungsvorschlag einreicht. Und es gibt die IdeenMANAGER, die ihren Beruf als Management verstehen. Diese Manager organisieren Kampagnen, unterstützen die Kollegen als Prozess- und Methodencoach und leiten Workshops zu aktuellen Themen des Vorschlagswesens. Und, große Überraschung: Die aktiven Beauftragten für das betriebliche Vorschlagswesen sind deutlich erfolgreicher als ihre abwartenden Kollegen. Ein eigenes Kapitel in diesem Buch beantwortet die Frage, wie genau Kampagnen, Coaching und Workshops eingesetzt werden können.

Unsere Erfahrung ist: Wenn man einen Beauftragten immer an seinem Schreibtisch erreichen kann, dann hat das Vorschlagswesen meist schlechte Kennzahlen. Wenn ein Beauftrager ständig in seiner Verwaltung unterwegs ist, dann läuft das Vorschlagswesen meist gut.

Ein Beauftrager kann hauptamtlich ausschließlich für das betriebliche Vorschlagswesen zuständig sein. In kleineren Verwaltungen ist diese Stelle allerdings zuweilen mit weiteren Beauftragungen, wie die für Arbeits- oder Datenschutz oder für das Gesundheitsmanagement verbunden. Manchmal umfasst seine Beauftragung eine halbe Stelle, und er ist ansonsten als Büroleiter, Buchhalter,

Ausbilder oder mit einer ganz anderen Arbeit beschäftigt. Hierzu meinte einer der Altmeister des Vorschlagswesens:

„Es ist nicht schlimm, wenn der Beauftragte für das BVW nur die Hälfte seiner Zeit zur Verfügung steht; schlimm ist es nur, wenn er mit dem halben Herzen dabei ist." (Günther Höckel in seinem Buch „Keiner ist so klug wie alle" von 1964, Seite 87)

Häufig werden Beschäftigte zum Beauftragten für das betriebliche Vorschlagswesen ernannt, die bereits länger in der entsprechenden Verwaltung arbeiten. Das ist sinnvoll, denn als Beauftragter muss man mit vielen anderen Abteilungen und Stellen zusammenarbeiten. Da hilft es, wenn man sich in dieser Verwaltung auskennt.

Für einige Beauftragte ist das Vorschlagwesen die erste Führungsaufgabe. Anders formuliert: Das Vorschlagswesen ist eine Bewährungsprobe für eine werdende Führungskraft. Im Vorschlagswesen kommt man mit allen Bereichen einer Verwaltung zusammen, man lernt die Behörde gründlich kennen. Ein Beauftragter muss selbständig das Vorschlagswesen voranbringen. Er kann eigene Schwerpunkte setzen und muss Kollegen dazu motivieren, Vorschläge einzureichen, zu begutachten und umzusetzen: Wer ein betriebliches Vorschlagswesen gut managen kann, der ist oft auch als Führungskraft geeignet.

Andere Beauftragte sind bereits Führungskräfte tätig gewesen und bringen ihre Managementerfahrung in das betriebliche Vorschlagswesen ein. Auch dies kann sinnvoll sein und zu guten Ergebnissen führen: Ein solcher Beauftrager spricht mit den anderen Führungskräften auf Augenhöhe und hat selbstverständlichen Zugang zu den oberen Führungskräften. Ein als Manager erfahrener Beauftragter weiß, wie Führungskräfte denken und wie man das Vorschlagswesen in der eigenen Verwaltung „verkaufen" kann.

Einige Beauftragte leiten das Vorschlagswesen nur ein paar Jahre. Für andere Beauftragte ist das Vorschlagswesen „der" Beruf, den sie Jahrzehnte lang ausüben. Für beide Varianten gibt es Vorteile: Einerseits kann es sinnvoll sein, die Erfahrungen, die jemand im Ideenmanagement sammelt, nach einigen Jahren an anderer Stelle einzusetzen und einen „frischen Besen" ins Vorschlagswesen zu holen, mit neuen Ideen und Ansätzen. Aber: So wie es den Spruch gibt „Neue Besen kehren gut", so gibt es auch den Spruch „Und die alten Besen kennen jede Ecke". So hat es auch seine Vorteile, wenn jemand das Vorschlagswesen in allen Aspekten und mit allen Beteiligten kennt.

Nach unseren Erfahrungen macht es für die Ergebnisse des Ideenmanagements keinen großen Unterschied, ob ein junger oder ein alter Beauftragter das Ideenmanagement leitet. Auch die Frage, ob der Beauftragte sein Arbeitsleben lang das

Vorschlagswesen leitet oder ob das Vorschlagswesen nach einigen Jahren eine neue Aufgabe bekommt, führt nicht zu deutlich unterschiedlichen Ergebnissen.

Ob der Beauftragte das Vorschlagswesen als eine Tätigkeit begreift, die „halt irgendjemand machen muss", oder ob er das Vorschlagswesen als seinen Beruf sieht, als das Feld, auf dem er persönlich Erfolg haben und seine Fähigkeiten zeigen möchte: Das persönliche Engagement des Beauftragten ist einer der entscheidenden Erfolgsfaktoren!

Führungskräfte und/oder Kommissionen entscheiden über einen Verbesserungsvorschlag. Oft haben sie dafür aber nicht die nötigen Fachkenntnisse. Also wird ein Gutachten beauftragt. Damit erscheint die Rolle des Gutachters als ganz einfach.

Im wirklichen Leben ist die Rolle des Gutachters dies aber nicht.

Als Gutachter wird ausgewählt, wer in seinem Fachgebiet richtig gut ist. In aller Regel ist der Gutachter in seinem Gebiet der beste Fachmann in dieser Verwaltung. Wer für sein Gebiet der beste Fachmann in der Verwaltung ist, der hat normalerweise eine lange To-do Liste und einen vollen Terminkalender.

Zu den vielen alltäglichen Aufgaben soll der Gutachter zusätzlich noch ein Gutachten erstellen. Das Gutachten kann dazu führen, dass der Einreicher eine hohe Prämie erhält. Der Gutachter bekommt typischerweise für sein Gutachten keine Entlohnung.

Wenn das Gutachten negativ ausfällt, dann muss der Gutachter beschreiben, warum ein aus seiner Sicht unsinniger Vorschlag nicht umgesetzt werden soll. Und zwar so, dass es jeder Laie (wie vielleicht auch der Einreicher) klar versteht, warum der Vorschlag nicht umgesetzt werden kann. Und, falls es später einmal Probleme geben sollte, muss das Gutachten natürlich auch rechtssicher formuliert sein.

Wenn der Gutachter der beste Fachmann für ein bestimmtes Fachgebiet ist, dann ist er möglicherweise auch mehr oder weniger zuständig für dieses Fachgebiet. Daraus folgt: Den Vorschlag hätte auch der Gutachter entwickeln können. Je nach Kultur in der Verwaltung müsste der Satz besser heißen: Daraus folgt: Den Vorschlag hätte auch der Gutachter entwickeln müssen.

Stellt man alle diese Überlegungen zusammen, dann verwundert nicht, dass Gutachter häufig ein Engpass im betrieblichen Vorschlagswesen sind. Auf einschlägigen Tagungen wird immer wieder über die Gutachter geklagt. Eine endgültige und in allen Situationen funktionierende Lösung ist bislang nicht gefunden. Das Vorgesetztenmodell (siehe Seite 25) kann immerhin einige der hier angesprochenen Schwierigkeiten abschwächen.

Die BVW-Kommission trifft Entscheidungen. Je nach eingesetztem Modell entscheidet die Kommission darüber, ob ein Verbesserungsvorschlag umgesetzt wird. Auch ob und in welcher Höhe eine Prämie zu zahlen ist, wird häufig von der Kommission entschieden.

Die Kommission trifft sich entweder regelmäßig, etwa einmal in der Woche oder einmal im Monat. Oder die Kommission trifft sich bei Bedarf.

3.2.2 Verwaltungsspitze und Personalrat

Mit „Verwaltungsspitze" sind hier die obersten Führungskräfte vor Ort gemeint. In kleineren Verwaltungen wird dies tatsächlich der Leiter dieser Verwaltung sein, in größeren Verwaltungen ist es vielleicht eine hierfür beauftragte höhere Führungskraft. Bei Verwaltungen mit mehreren Standorten oder mehreren großen fachlichen Bereichen kann es auch der Verantwortliche für einen Standort oder einen fachlichen Bereich sein, oder eine andere Führungskraft mit Entscheidungskompetenz für Vorschläge, Budgets und Prämien.

Wie auf alle Bereiche der Verwaltung, so hat die Verwaltungsspitze auch auf das Vorschlagswesen einen maßgeblichen Einfluss. Wichtig sind zwei Bereiche:

1. Im operativen Geschehen muss die Verwaltungsspitze Entscheidungen über Verbesserungsvorschläge treffen, Budgets für das Vorschlagswesen, für die Umsetzung von Verbesserungsvorschlägen und für Prämien bereitstellen und die Umsetzung der angenommenen Vorschläge sorgen.
2. Darüber hinaus muss die Verwaltungsspitze immer wieder im Verwaltungsalltag für das Vorschlagswesen einstehen. Wenn das betriebliche Vorschlagswesen neu eingerichtet wird, oder wenn es grundlegend neu aufgestellt wird, dann fragen die Beschäftigten gerne: Wollen „die da oben" das auch?

Deshalb muss die Verwaltungsspitze in Personalversammlungen, im Intranet, durch Aushänge am schwarzen Brett und auf allen anderen möglichen Wegen für das Vorschlagswesen einstehen. Selbstverständlich beim (Neu-) Start, aber auch im Alltag muss die Verwaltungsspitze immer wieder deutlich machen: Ja, wir wollen das betriebliche Vorschlagswesen.

Ein betriebliches Vorschlagswesen lässt sich im richtigen Leben nicht effektiv gegen den Widerstand der Verwaltungsspitze betreiben.

Für die Bundesverwaltung gelten andere Regeln als für die Länder, und selbstverständlich ist die Mitbestimmung in den einzelnen Bundesländern wieder unterschiedlich geregelt. Parteien, Kirchen und andere „Tendenzbetriebe" haben wieder andere Vorgaben.

Alle Regeln, die wir in diesem Zusammenhang gelesen haben, sehen zumindest eine eingeschränkte Mitwirkung der jeweiligen Mitarbeitervertretungen vor.

Details für die rechtlichen Regeln zum betrieblichen Vorschlagwesen stehen nicht explizit in einem Gesetz. Entweder werden Regeln für andere Sachverhalte auf das Vorschlagwesen übertragen, oder Gericht urteilen konstant in einer bestimmten Weise (Richterrecht). Gerade das Richterrecht kann sich schnell ändern. Wenn es ernst wird, sind also aktuelle Fachinformationen, am besten durch fachkundige Beratung, heranzuziehen.

Unabhängig davon: Das betriebliche Vorschlagswesen ist eine Methode der Mitarbeiterbeteiligung. Mitarbeiterbeteiligung gegen die Mitarbeitervertretung ist in der Praxis kaum möglich.

Ebenso wie die Verwaltungsspitze muss auch der Personalrat immer wieder vermitteln: Ja, auch wir wollen das betriebliche Vorschlagswesen.

Operativ sind Personalräte häufig auch Kommissionsmitglieder. Wenn eine neue Vereinbarung zum Vorschlagswesen verhandelt werden muss, dann ist der Personalrat hier selbstverständlich der Verhandlungspartner der Verwaltungsspitze.

Wie weit geht die Mitbestimmung? Wie schon gesagt: Die Details sind unterschiedlich geregelt. Als grobe Faustformel mag gelten:

Die Grundsätze sind tendenziell mitbestimmungspflichtig – also das eingesetzte Modell, die Regelungen zu Entscheidungen über Vorschläge, zur Prämierung, zur Streitschichtung, falls ein Einreicher mit einer Entscheidung nicht einverstanden ist.

Einzelfälle sind in der Regel nicht mitbestimmungspflichtig – also, ob genau dieser Vorschlag umgesetzt wird, ob in diesem Fall die Prämie aufgerundet wird etc. Es sei denn, die Dienstvereinbarung schreibt in solchen Fällen die Zustimmung des Personalrats vor, oder die Zustimmung der Personalvertreter in der Kommission. Dann gilt selbstverständlich das in der Dienstvereinbarung Vorgeschriebene.

Nebenbei: Die Mitbestimmung entfällt nicht dadurch, dass eine Verwaltung ihr betriebliches Vorschlagswesen nicht „betriebliches Vorschlagswesen", sondern beispielsweise „Ideenmanagement" nennt. Es kommt nicht auf den Namen an, sondern auf Merkmale, wie sie in diesem Buch beschrieben sind.

Und, an dieser Stelle noch einmal: Betriebliches Vorschlagswesen ist eine Form der Beteiligung von Beschäftigten am Verwaltungsgeschehen. Beteiligung von Beschäftigten gegen die Vertretung der Beschäftigten – das funktioniert in der Praxis nicht. Wenn sich Dienstherr und Personalrat ständig vor Gericht treffen, dann wird das betriebliche Vorschlagswesen kaum gute Ergebnisse zeigen.

Auch für öffentliche Verwaltungen, Parteien und Kirchen gilt: Beteiligung von Beschäftigten gegen die Vertretung der Beschäftigten ist zum Scheitern verurteilt. Die erhöhte Einflussmöglichkeit durch den Personalrat wird oft auch als Argument gegen die Einführung eines betrieblichen Vorschlagwesens angeführt, ebenso der mit der Einführung verbundene Zeit- und Arbeitsaufwand sowie eine befürchtete „Verbürokratisierung". Dazu hat der Innovationsforscher Nobert Thom schon 2003 das Notwendige festgestellt: „Diese Argumente lassen sich jedoch leicht entkräften, wenn bspw. Aufwand und Nutzen des BVW mit ähnlichen Instrumenten des Qualitätsmanagements verglichen werden (vgl. Thom, 2003: 26 f.).

3.2.3 Arbeitnehmererfindung

Das Recht der Arbeitnehmererfindungen ist ein eigener Bereich und so komplex, dass es hier nicht dargestellt werden kann. Nicht fehlen soll jedoch der Hinweis: Wenn ein Verbesserungsvorschlag oder eine Idee aus dem kontinuierlichen Verbesserungsprozess eine solche Innovationshöhe erreichen, dass man an ein Patent oder einen ähnlichen Schutz denken kann – dann sollte unbedingt ein Fachmann für dieses Rechtsgebiet „mit ins Boot".

Bei öffentlichen Verwaltungen kommen solche Arbeitnehmererfindungen nur sehr selten vor. Bei technologiegetriebenen Produktionsunternehmen können bis zu zwanzig Prozent der eingehenden Verbesserungsvorschläge zumindest so innovativ sein, dass sie von der Patentabteilung qualifiziert werden.

3.2.4 Kosten sparen

Das häufigste Ziel für das betriebliche Vorschlagswesen ist „wirtschaftlicher Nutzen", sprich: Kosten zu sparen.

Im Durchschnitt sparen öffentliche Verwaltungen 541 € pro Mitarbeiter und Jahr. Der Median liegt bei 60 €. Daraus kann man schließen, dass viele Verwaltungen nur einen geringen Nutzen erhalten, und wenige Verwaltungen richtig hohen wirtschaftlichen Nutzen generieren. Dem entspricht, dass in vielen Verwaltungen das Vorschlagswesen mehr oder weniger lustlos betrieben wird, während einige wenige Verwaltungen dieses Thema wirklich ernsthaft und mit Nachdruck betreiben. Die Höchstwerte des Nutzens durch Ideenmanagement sind hart erarbeitet. Das betriebliche Vorschlagswesen wird zum Ideenmanagement gezählt, und Ideenmanagement ist tatsächlich eine Management-Aufgabe. Gute Manager können im und durch das Vorschlagswesen viel bewirken. Diese Angaben stammen aus der Ideenmanagement Studie 2021 (Landmann & Schat). Einschränkend ist zu bemerken, dass dort nicht Behörden im engeren Sinne ausgewertet wurden, sondern der öffentliche Sektor insgesamt, also Behörden sowie Unternehmen und Organisationen, die sich in staatlichem Besitz befinden oder für die der TVöD gilt – also eine recht bunte Zusammenstellung. Die dort aufgeführten Kennzahlen zeigen, dass durchaus beachtliche Erfolge im Ideenmanagement des öffentlichen Sektors möglich sind. Angesichts der geringen Fallzahl sollten die Ergebnisse dieses Vergleichs mit Vorsicht interpretiert werden. Selbst für diese deutschlandweit größte Befragung zum Ideenmanagement konnten nur 31 Organisationen aus dem öffentlichen Bereich im weitesten Sinne akquiriert werden. Ernsthaftes Ideenmanagement ist im öffentlichen Bereich in Deutschland selten – um so mehr freut es uns als Autoren, dass Sie dieses Büchlein in die Hand genommen haben.

Wie führt man ein Vorschlagswesen ein?

4

Bevor ein Vorschlagswesen eingeführt wird, sind einige Dinge zu klären. Beginnen wir also mit einigen Definitionen und Klarstellungen.

4.1 Definitionen und Klarstellungen

4.1.1 Was muss im Vorschlagswesen überhaupt passieren?

Muss eine Verwaltung ein Vorschlagswesen einrichten? Praktisch nicht. Wenn eine Verwaltung ständig Verbesserungsvorschläge annimmt und umsetzt, ohne dass ein betriebliches Vorschlagswesen eingerichtet ist, dann kann ein richterrechtliches Recht des Personalrates bestehen, über die Einführung des Vorschlagswesens zu verhandeln.

Alleine, dass ein betriebliches Vorschlagswesen sinnvoll, wirtschaftlich oder bei anderen Verwaltungen eingerichtet ist, verpflichtet eine Verwaltung nicht dazu, ebenfalls ein Vorschlagswesen einzurichten. Die Entscheidungsfreiheit des Dienstherren reicht ziemlich weit.

Muss eine Verwaltung einen Verbesserungsvorschlag annehmen und umsetzen? Nein. Auch wenn ein Vorschlag offensichtlich sinnvoll, nützlich, wirtschaftlich ist: Wenn eine Verwaltung einen Vorschlag nicht umsetzen will, dann will sie nicht. Ausnahme: Wenn in einer Dienstvereinbarung etwas anderes geregelt ist.

Muss eine Prämie gezahlt werden? Wenn eine Dienstvereinbarung vorliegt und demnach eine Prämie zu zahlen ist: Ja.

© Der/die Autor(en), exklusiv lizenziert durch Springer Fachmedien Wiesbaden GmbH, ein Teil von Springer Nature 2022
G. Richenhagen und H.-D. Schat, *Vorschlagswesen zur Innovation in der Öffentlichen Verwaltung*, essentials,
https://doi.org/10.1007/978-3-658-37059-6_4

Ansonsten wird es schwierig. Einen Hinweis gibt § 622 Satz 1 des BGB:
„Eine Vergütung gilt als stillschweigend vereinbart, wenn die Dienstleistung
den Umständen nach nur gegen eine Vergütung zu erwarten ist." Beispiel: Ein
Ingenieur entwickelt in seiner Freizeit eine Vorrichtung, die dem Unternehmen
wirklich nutzt. Das Unternehmen setzt diese Vorrichtung ein. Ingenieure entwickeln Vorrichtungen generell gegen Entgelt. Hier kann der Ingenieur also
erwarten, dass die Entwicklung seiner Vorrichtung auch vergütet wird.

Grundsätzlich sind Urteile zu dieser Frage eher selten. Wenn Beschäftigte
davon ausgehen, dass sie von einem Verbesserungsvorschlag selbst keinerlei
Nutzen haben, dann reichen sie einfach keinen Vorschlag ein.

Wenn man länger in einer Verwaltung beschäftigt ist, dann kennt man die
Atmosphäre dort und stellt sich entsprechend ein. Wenn man neu in einer Verwaltung ist, sollte man die Atmosphäre ohnehin schnell erfassen, viel beobachten
und viel fragen.

4.1.2 Die Kommission konzipieren

Die BVW-Kommission trifft Entscheidungen. Je nach eingesetztem Modell ent-
scheidet die Kommission darüber, ob ein Verbesserungsvorschlag umgesetzt wird.
Auch ob und in welcher Höhe eine Prämie zu zahlen ist, wird häufig von der
Kommission entschieden.

Die Kommission trifft sich entweder regelmäßig, etwa einmal in der Woche
oder einmal im Monat. Oder die Kommission trifft sich bei Bedarf.

Die Zusammensetzung der Kommission ist meist in der Dienstvereinbarung
geregelt. Typische Zusammensetzungen sind entweder.

- Verwaltungsspitze und Personalrat bestimmen die gleiche Anzahl von Mit-
  gliedern. Der Beauftragte für das betriebliche Vorschlagswesen wird von der
  Verwaltungsspitze bestimmt, manchmal hat der Personalrat ein Vetorecht.
  Unabhängig davon ist es guter Stil, wenn sich Verwaltungsspitze und Personal-
  rat bei der Neubesetzung der Stelle des Beauftragten abstimmen. Häufig ist der
  Beauftragte auch Mitglied der Kommission, meist auch als deren Vorsitzender.
  Manchmal hat der Beauftragte zwei Stimmen, um in einer Patt-Situation eine
  Entscheidung herbeizuführen. [hier wäre eine entsprechende Illustration nett]
- Verwaltungsspitze und Personalrat bestimmen die gleiche Anzahl von Mitglie-
  dern. Der Beauftragte wird von beiden Parteien einvernehmlich ernannt und

ist als Unparteiischer der Vorsitzende der Kommission. Eine Patt-Situation kann nicht auftreten, die Kommission hat auf jeden Fall eine ungerade Anzahl von Mitgliedern. Wenn sich Dienstherr und Personalrat nicht einigen können, ist der Beauftragte automatisch das Zünglein an der Waage. [hier wäre eine entsprechende Illustration nett]

4.1.3 Definition: Verbesserungsvorschlag

Grundsätzlich: In keinem Gesetz ist definiert, was ein Verbesserungsvorschlag ist. Jede Verwaltung kann also für sich entscheiden, welche Definition ihm sinnvoll erscheint.

Im Folgenden findet sich eine Aufstellung, welchen Kriterien ein Verbesserungsvorschlag typischerweise genügen muss:

Der Vorschlag muss neu sein, zumindest neu „im Anwendungsbereich". Wenn also bei einer anderen Verwaltung oder in einem anderen Bereich der eigenen Verwaltung so vorgegangen wird, wie vorgeschlagen wird, nicht aber im vorgeschlagenen Anwendungsbereich, ist er als neu einzustufen. Wenn allerdings das vorgeschlagene Vorgehensweise im vorgeschlagenen Bereich beispielsweise bereits so vorgeschrieben ist, aber aktuell nicht so vorgegangen wird, dann ist die vorgeschlagene Vorgehensweise im Anwendungsbereich nicht neu und damit kein Verbesserungsvorschlag.

Der Vorschlag muss eine gewisse „Innovationshöhe" haben. Triviale Vorschläge, etwa den, eine Kaffeetasse fünf Zentimeter nach links zu verschieben, damit sie nicht versehentlich umgestoßen werden kann, ist kein Verbesserungsvorschlag.

Der Vorschlag muss für die Verwaltung nützlich sein. Das kann weit gefasst werden, eine Verbesserung des Arbeitsschutzes oder eine Verbesserung des Bildes der Verwaltung in der Öffentlichkeit kann bereits nützlich sein. Aber etwas, was nur für die Beschäftigten angenehm ist, muss nicht unbedingt ein Verbesserungsvorschlag sein. Einer der Autoren bekam einmal den „Verbesserungsvorschlag", einen Roboter anzuschaffen, der auf den Fluren herumfährt und den vorbeikommenden Beschäftigten Witze erzählt, dies würde die Stimmung in der Verwaltung heben. Das war nett gemeint, wurde aber nicht als Verbesserungsvorschlag anerkannt.

Ein Verbesserungsvorschlag ist ein Vorschlag, etwas zu verbessern. Was kann verbessert werden? In einer Verwaltung wird häufig vorgeschlagen,

- den Arbeitsschutz zu verbessern, also z. B. an einer Stelle mit niedriger Deckenhöhe Tigerband anzubringen,
- mehr, bessere oder passendere Informationen auf einer Bildschirmmaske oder einem Formular anzugeben,
- Prozesse und Verfahren zu vereinfachen,
- Entscheidungen von den Personen treffen zu lassen, die am besten dazu geeignet sind,
- Lieferanten zu wechseln, Papier und Energie zu sparen, Leerlauf und doppelte Arbeit zu vermeiden.

Viele Verbesserungsvorschläge aus der Verwaltung setzen eine Änderung im EDV-Bereich voraus. Entsprechend ist die EDV häufig der Engpass bei der Umsetzung von Verbesserungsvorschlägen in der Verwaltung.

Immer wieder kommen Vorschläge zu Verbesserung von Arbeitsschutz und Arbeitssicherheit, zum betrieblichen Gesundheitsmanagement, zur Verbesserung der Zufriedenheit von Bürgern, Klienten und Mitarbeitern und wie ein besseres Image der Verwaltung gesorgt werden könnte. Diese Vorschläge sind oft eine wirkliche Verbesserung, doch ist es nicht immer einfach, den Nutzen in Euro genau anzugeben.

Ein Verbesserungsvorschlag muss neu sein. In den meisten Verwaltungen genügt es, dass der Vorschlag neu im Anwendungsbereich ist. Ein gültiger Verbesserungsvorschlag kann also lauten: In einem anderen Standort, einer anderen Abteilung oder einer anderen Verwaltung wird in einer bestimmten Weise vorgegangen, das ist gegenüber unserem aktuellen Vorgehen x Euro günstiger, deshalb sollten wir das Verfahren übernehmen. Aus diesem Grund kommen gute Verbesserungsvorschläge häufig von neuen Mitarbeitern, von Leih- oder Zeitarbeitern oder von Monteuren und Werkvertragsnehmern, die alle wissen, wie in anderen Unternehmen gearbeitet wird.

Ein Verbesserungsvorschlag darf nicht nur eine Störmeldung oder eine Problemanzeige sein. „Hier ist eine Glühbirne kaputt und muss ersetzt werden." ist also kein Verbesserungsvorschlag. In manchen Verwaltungen nimmt das Vorschlagswesen aber auch Störmeldungen entgegen. So haben die Mitarbeiter nur eine Stelle, an die sie sich wenden müssen.

Das heißt: Ein Verbesserungsvorschlag muss auch zumindest den Ansatz eines Weges enthalten, wie die angestrebte Verbesserung erreicht werden soll. Wie tief ausgearbeitet und wie detailliert der Lösungsweg dargestellt werden muss, das ist von Verwaltung zu Verwaltung unterschiedlich. Häufig wird auch für Vorschläge eine höhere Prämie vergeben, die so gründlich ausgearbeitet sind, dass sie direkt umgesetzt werden können.

Wenn eine Verwaltung Formulare oder Bildschirmmasken für die Eingabe von Verbesserungsvorschlägen verwendet, dann haben diese oft drei Felder:

1. Ist-Zustand
2. Angestrebter Zustand
3. Weg vom Ist-Zustand zum angestrebten Zustand.

Damit sind die meisten Verbesserungsvorschläge gut beschrieben.

Ein Verbesserungsvorschlag darf nicht das Ergebnis eines Arbeitsauftrags sein. Wenn ein Jurist oder ein Informatiker damit beauftragt werden, einen Prozess zu verbessern, dann dürfen sie natürlich diese Verbesserung nicht noch einmal beim betrieblichen Vorschlagswesen einreichen. Manche Verwaltungen schließen daher Beschäftigte oberhalb einer gewissen Qualifikation ganz vom Vorschlagswesen aus, doch damit wird „das Kind mit dem Bade ausgeschüttet".

Ein Verbesserungsvorschlag darf nicht trivial oder offensichtlich sein. Wenn ein Mensch in eine Grube gefallen ist, dann ist offensichtlich, dass die Grube besser abgesichert werden muss. Dazu wird kein Verbesserungsvorschlag akzeptiert werden.

Ein Verbesserungsvorschlag muss Verbesserungen vorschlagen, die die Verwaltung auch selbst bewirken kann. Ein Vorschlag, nach dem

- Gesetze besser anders formuliert werden sollten,
- Bürger oder Lieferanten besser anders handeln sollten oder
- andere Verwaltungen ihre Handlungsweise ändern sollen

ist also nicht akzeptabel.

Ein Verbesserungsvorschlag muss tatsächlich zu einer Verbesserung führen. Das hört sich trivial an, doch werden immer wieder Vorschläge eingereicht in der Art: „Stellt mir einen Gummibaum ins Büro, dann arbeite ich besser." oder „Streicht diese Tür neu, dann sieht das besser aus." Die Verbesserungen sind bei diesen „Schöner Wohnen Vorschlägen" nicht gerade direkt zu sehen.

4.1.4 Definition: Prämie

Wenn ein Verbesserungsvorschlag umgesetzt wird, dann erhält der Einreicher eine Prämie. Manchmal er aber auch eine Prämie, wenn ein Vorschlag nicht umgesetzt wird.

Die genauen Bedingungen, wann welche Prämie gezahlt wird, sind in der Dienstvereinbarung zu definieren. Hier werden nur die typischen Fälle vorgestellt, in der Praxis finden sich viele Varianten.

Kern der Idee einer Prämie ist, dass der Dienstherr durch den Verbesserungsvorschlag einen Nutzen hat und dieser Nutzen mit dem Einreicher geteilt werden soll. Dazu wird zunächst der Nutzen des Verbesserungsvorschlags errechnet. Häufig wird nur der Nutzen für das erste Jahr betrachtet. Dies besonders bei Unternehmen, in denen sich Produktionsprogramm oder Dienstleistungsportfolio sowie die Leistungserstellungsprozesse schnell ändern und niemand weiß, ob nach einem Jahr der Vorschlag überhaupt noch Nutzen zeigen kann. In einigen öffentlichen Verwaltungen wird der Nutzen beispielsweise für die ersten drei Jahre berechnet.

Meist werden vorher vom Nutzen die Kosten subtrahiert, die durch die Umsetzung des Verbesserungsvorschlags entstehen, also beispielsweise die Neuprogrammierung eines Verwaltungsprozesses. Von diesem so genannten Erstjahresnettonutzen erhält der Einreicher dann einen bestimmten Prozentsatz. Werte in der Größenordnung von 30 % sind nicht unüblich – doch darf man nicht nur auf die reine Zahl sehen. Einige Organisationen berechnen den Nutzen sehr vorsichtig, sind dann aber bei den Prozenten großzügig. Andere Organisationen ziehen nicht alle Umsetzungskosten heran, schütten dann aber einen geringeren Prozentsatz aus.

Manchmal wird der Prozentsatz noch korrigiert – so kann es für den perfekt ausgearbeiteten Vorschlag eines Auszubildenden für die Energieeinsparung eine dreifach gesteigerte Prämie geben. Die Dienstvereinbarungen können in diesem Punkt beliebig komplex ausgearbeitet sein.

In einigen Dienstvereinbarungen wird eine maximale Prämie festgeschrieben. Meist ist diese Höchstprämie so hoch, dass sie in der Praxis ohnehin nicht erreicht wird. Der Vorteil einer Höchstprämie liegt darin, dass so auch der maximale Streitwert in Gerichtsverfahren um die Prämie festgelegt wird. Selbstverständlich steht es jedem Dienstherren frei, in besonderen Fällen auch eine höhere Prämie auszuschütten.

Die Prämie kann ausgeschüttet werden

1. direkt nach der Entscheidung, einen Vorschlag umzusetzen oder
2. nach der Umsetzung des Vorschlags oder
3. ein bzw. drei Jahre nach der Umsetzung.

Die erste Variante ist für den Einreicher am angenehmsten. Auch motivationspsychologisch spricht einiges dafür, ein erwünschtes Verhalten (das Einreichen eines

Verbesserungsvorschlags) möglichst schnell durch eine Prämie zu verstärken. Der Nachteil ist: Die Prämie ist dann ausgezahlt, der Vorgang für das betriebliche Vorschlagswesen abgeschlossen – wer kümmert sich dann noch um die Umsetzung? Dann gibt es Vorschläge, die prämiert, aber nicht umgesetzt werden. Entweder sind dies Vorschläge, die angenommen wurden, obwohl sie eigentlich doch keine wirkliche Verbesserung bringen. Oder es sind gute Vorschläge, aber das Beharrungsvermögen der Organisation ist so stark, dass sie nicht umgesetzt werden, obwohl sie wirklich eine Verbesserung erbringen könnten. Schlimmstenfalls wird nach ein paar Jahren der gleiche Vorschlag wieder eingereicht, prämiert und nicht umgesetzt.

Zusammengefasst: Prämierung direkt nach der Entscheidung freut den Einreicher, bringt aber das Risiko von prämierten, aber nicht umgesetzten Vorschlägen mit sich.

Die Prämierung direkt nach der Umsetzung des Verbesserungsvorschlags vermeidet genau dieses Problem. Aber der Einreicher muss länger auf die Prämie warten.

Bei einer Prämierung direkt nach der Umsetzung muss der Nutzen des Vorschlags geschätzt werden. Diese Schätzung kann zu hoch oder zu gering ausfallen. Eine Prämierung ein bzw. drei Jahre nach der Umsetzung vermeidet auch dieses Problem. Gut ein Jahr nach der Umsetzung kann das Controlling belastbare Daten darüber liefern, wie viel ein bestimmter Prozess gekostet hat. Außerdem liegen Daten aus der Vergangenheit vor, aus der Zeit vor der Umsetzung des Vorschlags. Damit kann nun der Nutzen des Verbesserungsvorschlags so genau errechnet werden, wie Controlling eben genau sein kann.

Jede der drei Möglichkeiten hat also Vor- und Nachteile. In der Praxis werden manchmal diese Möglichkeiten kombiniert, etwa:

- Ein Drittel der zu erwartenden Prämie wird nach der Entscheidung gezahlt, der Rest ein bzw. drei Jahr nach der Umsetzung.
- Die Prämie wird nach der Entscheidung gezahlt. Kann der Einreicher nachweisen, dass z. B. ein Jahr nach der Entscheidung der Vorschlag immer noch nicht umgesetzt ist, so erhält der die gleiche Prämie noch einmal – zu Lasten der Kostenstelle, die den Verbesserungsvorschlag hätte umsetzen müssen.
- Die Prämie wird nach der Realisierung gezahlt. Wenn der Einreicher vermutet, der wirkliche Nutzen sei größer als die Schätzung, dann kann er ein bzw. drei Jahre nach der Umsetzung eine Nachkalkulation verlangen.

Manchmal entwickelt ein Einreicher mit großem Aufwand einen Vorschlag, der dann aber aus Gründen nicht umgesetzt wird, die der Einreicher nicht kennen kann. Beispielsweise schlägt der Einreicher vor, ein bestimmtes Verfahren zu verbessern. Zwei Monate nach Eingang dieses Vorschlags soll das Verfahren vollständig ersetzt werden, diese Entscheidung war aber noch nicht veröffentlicht worden. In solchen Situationen möchte man dem Einreicher dennoch eine Prämie zahlen und ihn motivieren, weitere Vorschläge zu entwickeln. Solche Prämien nennt man Anerkennungsprämien.

Anerkennungsprämien sind schwierig. Im Einzelfall sind sie verständlich und vielleicht auch sinnvoll. Aber grundsätzlich wird eine Prämie gezahlt für einen Verbesserungsvorschlag, der nicht umgesetzt werden kann. Genau dies aber möchte das Vorschlagswesen vermeiden: Vorschläge zu bekommen, die nicht umgesetzt werden können.

Je höher die Anerkennungsprämie ausfällt, desto höher ist die Gefahr, dass nicht umsetzungsfähige Vorschläge eingereicht werden, um wenigstens die Anerkennungsprämie zu erhalten. Je niedriger die Anerkennungsprämie ist, desto weniger fühlt sich ein Einreicher wertgeschätzt, wenn sein Vorschlag nicht umgesetzt wird, obwohl der Vorschlag grundsätzlich sinnvoll war.

Wenn ein Verbesserungsvorschlag nicht von einem Einreicher stammt, sondern von einer Gruppe entwickelt wurde, dann wird die Prämie entsprechend geteilt. Manchmal kann die Gruppe selbst einen Verteilungsschlüssel angeben, ansonsten wird die Prämie zu gleichen Teilen ausgeschüttet.

Abschließend einige grundsätzliche Erkenntnisse zur Prämie:

- Eine höhere Prämienhöhe führt nicht zu besseren Ergebnissen im betrieblichen Vorschlagswesen. Die Prämienhöhe hat nur einen geringen Einfluss auf diese Ergebnisse. Tendenziell scheint eine höhere Prämie sogar eher mit schlechteren Ergebnissen einherzugehen.
- Eine möglichst komplexe Prämienregelung führt weder zu besseren Ergebnissen des Vorschlagswesens noch dazu, dass sich die Beschäftigten gerechter behandelt fühlen. Der Grundansatz der Prämienregelung muss gerecht sein. Wenn dann im Einzelfall einmal der Einreicher, einmal der Dienstherr einen höheren Anteil erhält, dann gleicht sich das über die Zeit aus und wird von den Beschäftigten verstanden. Dies gilt besonders für die öffentliche Verwaltung, wo die Beschäftigten häufig sehr lange in der gleichen Verwaltung arbeiten. In krassen Fällen kann der Dienstherr immer noch freiwillig die Prämie erhöhen.
- Es kann immer wieder einmal Verbesserungsvorschläge geben, die prämiert wurden, dann aber doch nicht umgesetzt werden. Doch wenn dies häufig vorkommt, dann leidet der Ruf des betrieblichen Vorschlagswesens darunter. Es gibt Organisationen, in denen über die Hälfte der prämierten Vorschläge nicht umgesetzt werden – und niemand das Vorschlagswesen mehr ernst nimmt.

- Grundsätzlich ist die Prämie so zu versteuern, wie das Gehalt versteuert wird. Doch es gibt einige Möglichkeiten, Prämien steuerbegünstigt oder sogar ohne jede Versteuerung auszuschütten. Das übersteigt den Rahmen dieser Einführung, bei einer Neugestaltung eines Vorschlagswesens kann hier fachkundiger Rat Gold wert sein.

4.2 Ein Phasenmodell für die Einführung

Das Phasenmodell in Abb. 4.1 ist eine Anpassung des Modells aus Schat, 2017, S. 49 ff.

Schauen wir uns die Phasen im einzelnen an.

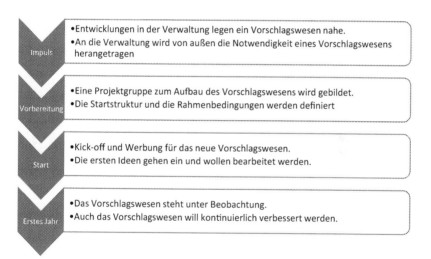

Abb. 4.1 Phasenmodell für die Einführung (Anpassung des Modells aus Schat, 2017, S. 49 ff.)

4.2.1 Impuls

Ein Vorschlagswesen wird nicht „einfach so" eingeführt, weil die Beschäftigten nicht genug zu tun haben. Ein Vorschlagswesen kann eingeführt werden, weil Entwicklungen in der Verwaltung dies nahe legen. Beispiele können sein:

- Beschäftigte fühlen sich nicht ausreichend beteiligt, Beschwerden dazu laufen über Vorgesetzte, Personalabteilung oder den Personalrat ein.
- Stellenbewerber fragen nach Beteiligungsmöglichkeiten, aber die Verwaltung kann dies nicht anbieten.
- Die Qualität der Verwaltungsleistung wird als verbesserungsfähig wahrgenommen. Dem ersten Eindruck nach liegen die Gründe in vielen kleinen Unzulänglichkeiten, weniger darin, dass die Prozesse grundsätzlich falsch definiert sind oder darin, dass die unterstützende Technik grundsätzlich fehlerhaft arbeitet.
- Bei einem Vergleich mit ähnlichen Verwaltungen stellt sich heraus, dass andere Verwaltungen effizienter und/oder mit besserer Qualität arbeiten.
- Aus den Zielgruppen der Verwaltung (Bürger, Unternehmen, politische Ebene) wird Verbesserungsbedarf geäußert, mit entsprechendem Nachdruck.
- Eine übergeordnete Behörde oder politische Entscheidungsträger ordnet Ideenmanagement an – oder legt das Einrichten eines Ideenmanagements nachdrücklich nahe.

Der Impuls für die Einrichtung eines Vorschlagswesens kann also von innen kommen, aber auch Kräfte außerhalb der Verwaltung können die Einrichtung eines Vorschlagswesens veranlassen.

Systematischer: Anlässe für die Nutzung des betrieblichen Vorschlagswesens können sein:

- Changemanagement – die Verwaltung muss sich ändern, und die Mitarbeiter müssen sich mit ändern. Änderung per Anweisung funktioniert aber nicht. Gut, wenn eine Verwaltung bereits etablierte Instrumente implementiert hat, mit denen sich Mitarbeiter beteiligen können. Wenn nicht, könnte das betriebliche Vorschlagswesen ein erster Ansatz sein.
- Rekrutierung, Image der Verwaltung als Arbeitgeber – viele potentielle Beschäftigte möchten nicht in einer Umgebung arbeiten, in der ihnen die Dinge einfach vorgeschrieben werden und sie ohne keine eigenen Ideen einbringen können. Besonders den aktuell auf den Arbeitsmarkt kommenden Generationen Y und Z sagt man nach, dass sie auf sinnvolle eigene Beteiligung

Wert legen. Andererseits haben einige Verwaltungen eine Organisationskultur, die nicht besonders beteiligungsorientiert ausgeprägt ist. Eine solche Organisationskultur kann man nicht einfach von heute auf morgen ändern. Ein betriebliches Vorschlagswesen kann man aber in überschaubarer Zeit mit mäßigem Aufwand einführen und damit zumindest einen ersten Schritt in Richtung einer stärkeren Beteiligung der Beschäftigten gehen.

• Hoher Krankenstand – Ein hoher Krankenstand kann viele Gründe haben. Manchmal ist es wirklich nur eine Grippewelle. Wenn aber der Krankenstand in einer Abteilung oder in einer Verwaltung deutlich über dem Durchschnitt der gesamten Verwaltung oder vergleichbaren Verwaltungen liegt, dann könnte ein Führungsthema dahinter liegen. Hier bietet sich eine Fülle an einschlägigen Personalmaßnahmen an, die im Kern aber alle darauf hinauslaufen, die Beschäftigten stärker in das Geschehen einzubinden. Genau dieses Ziel kann auch das betriebliche Vorschlagswesen verfolgen. Die Wirtschaftlichkeitsrechnung ist in diesen Fällen einfach: Wenn eine Verwaltung die Arbeitsunfähigkeitsrate um vier Prozentpunkte drücken kann, dann hat die Verwaltung im gleichen Umfang mehr Personalkapazität zur Verfügung, ohne dass zusätzliche Personalkosten entstehen.

Zumindest implizit wird also mit der Einrichtung eines Vorschlagswesens ein Ziel verfolgt. Dieses Ziel sollten explizit gemacht werden – sonst kann man es schlecht nachverfolgen. Wenn nicht klar ist, mit welchem Ziel ein Vorschlagswesen eingeführt wird, dann können auch keine Maßnahmen entwickelt werden, um genau dieses Ziel zu erreichen, und es können auch keine Kennzahlen definiert werden, um festzustellen, wie weit dies Ziel erreicht wurde.

Vorschlagswesen benötigt Ressourcen: Die Stelle des Beauftragten für das Vorschlagswesen, Schulung des Beauftragten, von Personalrat, Führungskräften, Beratung bei der Einführung, Aufwand für Kampagnen, vielleicht Prämien, bei einer größeren Verwaltung auch Software samt deren Einführung, Arbeitszeit von Führungskräften, Gutachtern und Mitgliedern der Kommission, vielleicht noch Give-Aways als Anerkennungsprämie. Diese Ressourcen werden nur bereit gestellt, wenn ein Nutzen für die Verwaltung erkennbar ist, und der Nutzen kann nur sichtbar werden, wenn klar ist, mit welchem Ziel und von welchen Einflussgruppen das Vorschlagswesen eingeführt wurde.

4.2.2 Vorbereitung

Ein Grundprinzip eines Vorschlagswesens ist: Betroffene zu Beteiligten machen.
Wenn also einige Führungskräfte oder einige Stabsmitarbeiter im stillen Kämmer-
lein eine Konzeption für ein Vorschlagswesen entwickeln und dies dann einführen
wollen, dann wird dies nicht funktionieren.
Von Beginn an müssen Vertreter der wichtigen Gruppen von Betroffenen
eingebunden sein. Diese Mitglieder sollte eine Projektgruppe auf jeden Fall
umfassen:

- Verwaltungsspitze oder deren Vertretung – jedenfalls einen hochrangigen
  Entscheider der Verwaltung
- Vertreter des Personalrats
- der zukünftige Ideenmanager
- wenn das Ziel des Vorschlagswesens die Steigerung von Effizienz oder Qualität des Verwaltungshandeln ist: ein Controller, der die Veränderungen von
  Effizienz oder Qualität in Zahlen fassen kann
- wenn das Ziel des Vorschlagswesens die Steigerung von Mitarbeiterzufrieden-
  heit oder Arbeitgeberattraktivität ist: ein Vertreter der Personalabteilung
- wenn eine Software für das Vorschlagswesen eingeführt werden soll: ein
  Vertreter der EDV-Abteilung
- wenn es in der Verwaltung eine „graue Eminenz" gibt, also eine Person, die
  laut Organigramm wenig, tatsächlich aber viel Einfluss hat: auch die „graue
  Eminenz". Beispiele hierfür wäre ein Ausbildungsleiter, der zu allen seinen
  ehemaligen Auszubildenden und damit zu fast der gesamten Verwaltung einen
  guten Kontakt hält oder ein Beschäftigter, der aufgrund seiner Fachkenntnisse oder langen Verwaltungszugehörigkeit der natürliche Ansprechpartner
  bei fachlichen und vielleicht auch bei außerfachlichen Fragen ist.
- Vertreter der großen Beschäftigtengruppen, also in einem Krankenhaus Vertreter von Pflege und ärztlichem Dienst, bei der Polizei Vertreter von
  Schutz- und Kriminalpolizei, in einem Museum Vertreter von Kuratoren und
  Aufsichtsdienst und dergleichen.

Wenn die Projektgruppe zu groß ist, dann wird sie nur langsam vorankommen,
aber schließlich zu einem sinnvollen Ergebnis gelangen. Wenn die Projektgruppe
zu klein ist, dann wird sie schneller zu einem Ergebnis kommen, das dann aber
den Praxistest möglicherweise nicht besteht. Daher ist im Zweifel eine zu große
Projektgruppe zu bevorzugen.

Aufgabe der Projektgruppe ist es, die Startstruktur des Vorschlagswesens zu definieren und die Einführung zu begleiten. Die endgültige Struktur des Vorschlagswesens kann die Projektgruppe nicht definieren. Ein betriebliches Vorschlagswesen hat nämlich nie eine endgültige Struktur, sondern muss sich gemäß den Entwicklungen in der Verwaltung und den Veränderungen in deren Umwelt immer wieder neu anpassen.

Zur Startstruktur gehört die Auswahl des Modells. Betriebliches Vorschlagswesen gibt es seit rund 150 Jahren. Im Laufe der Zeit haben sich verschieden Modelle entwickelt, die bestimmten betrieblichen Situationen besonders gut antworten. Es sind dies das.

- zentrale Modell
- Vorgesetztenmodell
- Mischmodell
- Teammodell

Diese werden nun jeweils kurz vorgestellt.

4.2.2.1 Zentrales Modell des betrieblichen Vorschlagswesens

Das zentrale Modell ist das älteste Modell des betrieblichen Vorschlagswesens. Für die gesamte Organisation gibt es ein zentrales betriebliches Vorschlagswesen. Alle Vorschläge werden dort eingereicht und bearbeitet. So kann gewährleistet werden, dass alle Vorschläge auf die gleiche Art bearbeitet, entschieden und prämiert werden. Oft hat der zentrale Beauftragte für das betriebliche Vorschlagswesen auch einen guten Überblick über die Verwaltung und ahnt, welche andere Abteilung noch ein an einem Vorschlag für eine bestimmte Abteilung Interesse haben könnte.

In kleineren Verwaltungen kann es sinnvoll sein, nur einen Ansprechpartner für das Vorschlagswesen zu beschäftigen.

Der Nachteil des zentralen Modells ist offensichtlich: Die zentrale Abteilung ist notwendig von den einzelnen Abteilungen und Standorten weit entfernt. Das Vorschlagswesen in diesem Modell wird leicht als bürokratisch und distanziert erlebt.

Deshalb hat das zentrale Modell eher einen schlechten Ruf. Doch gibt es Organisationen, in denen die gleichartige Bearbeitung von Vorschlägen sehr wichtig, eine gewisse Bürokratie aber kein Problem ist. Vor diesem Hintergrund kann in der öffentlichen Verwaltung das zentrale Modell des betrieblichen Vorschlagswesens eine gute Wahl sein.

Das zentrale Modell wird in etwa einem Drittel der befragten Verwaltungen und Unternehmen eingesetzt, die überhaupt ein betriebliches Vorschlagswesen einsetzen. Es zeigt im Durchschnitt über alle Verwaltungen und Unternehmen folgenden Ergebnisse:

- Berechenbarer Nutzen pro Mitarbeiter und Jahr: 359 €
- Beteiligungsquote: 16 %
- Realisierungsquote: 40 %

Der berechenbare Nutzen berücksichtigt nur den in Euro ausdrückbaren Nutzen. Vorschläge für den Arbeitsschutz, das betriebliche Gesundheitsmanagement oder ein besseres Image bei Bürgern, der Politik oder Mitarbeitern können sehr nützlich sein, sind aber kaum mit Geldeinheiten zu bewerten und sind daher in dieser Kennzahl nicht enthalten. Für Verwaltungen, die das Vorschlagswesen mit dem hauptsächlichen Ziel eines hohen wirtschaftlichen Nutzens betreiben ist der berechenbare Nutzen pro Mitarbeiter und Jahr die zentrale Erfolgskennziffer für das betriebliche Vorschlagswesen.

Die Beteiligungsquote zählt die Anzahl der Beschäftigten, die sich am betrieblichen Vorschlagswesen beteiligt haben, sei es durch einen eigenen Vorschlag, sei es durch die Beteiligung an einem Gruppenvorschlag. Diese Zahl wird dividiert durch die Anzahl der Mitarbeiter, die sich am Vorschlagswesen beteiligen können. Wenn Verwaltungen das betriebliche Vorschlagswesen hauptsächlich mit dem Ziel einer guten Kulturarbeit einsetzen, dann fehlt häufig eine zentrale Erfolgskennzahl – wie lässt sich Unternehmenskultur messen? Als Ersatz kann die Beteiligungsquote dienen.

Die Realisierungsquote ist im engeren Sinne keine Ergebniskennzahl des Vorschlagswesens, aber sie sagt dennoch einiges über die Qualität des Vorschlagswesens aus.

Nicht umgesetzte Verbesserungsvorschläge sind für alle Beteiligten schlecht:

- Der Einreicher hat sich die Mühe gemacht, einen Vorschlag auszuarbeiten, ihn aufzuschreiben und einzureichen. Nun erhält er keine Prämie (oder nur eine Anerkennungsprämie) und der Vorschlag wird nicht umgesetzt. Das aber treibt viele Einreicher an: Sie möchten etwas ändern, möchten eine Verbesserung umgesetzt sehen.
- Der Beauftragte hat den Verbesserungsvorschlag registriert, an Gutachter und/oder Kommission weitergeleitet, und nun wird nichts umgesetzt. Administrative Blindleistung also.

- Der Gutachter musste einen gut verständlichen und rechtssicheren Text darüber schreiben, warum eine schlechte Idee nicht umgesetzt wird.
- In der Kommission sprechen vier, sechs oder noch mehr Menschen darüber, warum dieser Vorschlag nicht umzusetzen ist. Wenn man alleine die Arbeitszeit dieser Menschen anrechnet, wird klar, dass eine abgelehnte Idee auch zu wirtschaftlichem Schaden führt.

Damit sollte ein Vorschlagswesen eine möglichst hohe Realisierungsquote anstreben. Eine Möglichkeit wäre, dass der Einreicher und seine Führungskraft direkt über den Vorschlag sprechen. Zwei Modelle des betrieblichen Vorschlagswesens gehen von einem direkten Kontakt zwischen Einreicher und Führungskraft aus: Das Vorgesetzten- und das Teammodell. Beide Modelle zeigen die höchsten Realisierungsquoten. Andere Möglichkeiten, die Realisierungsquote zu steigern, finden sich im Kapitel „Aktive Elemente".

Das zentrale Modell des betrieblichen Vorschlagswesens erreicht nicht die höchsten Erfolgswerte. Das kann aber auch daran liegen, dass dieses Modell tendenziell eher von etwas weniger innovativen Verwaltungen eingesetzt wird.

4.2.2.2 Vorgesetztenmodell

Beschäftigte reichen gerne Verbesserungsvorschläge für die Gebiete ein, in denen sie sich auskennen. Das ist meist das eigene Arbeitsgebiet und die benachbarten Gebiete. Diese Arbeitsgebiete stehen oft unter der Verantwortung einer einzigen Führungskraft. Dann kann es sich anbieten, diese Führungskraft ins Zentrum des betrieblichen Vorschlagswesens zu stellen.

Im Vorgesetztenmodell. des betrieblichen Vorschlagswesens reichen die Mitarbeiter ihre Verbesserungsvorschläge bei ihrem Vorgesetzten ein. Falls ein Verbesserungsvorschlag in dessen Verantwortungsbereich fällt, dann wird dieser Vorgesetzte selbst über die Umsetzung und über eine Prämie entscheiden. Falls der Verbesserungsvorschlag nicht in seinen Verantwortungsbereich fällt, dann wird der Vorgesetzte den Verbesserungsvorschlag an die Stelle weiterleiten, die hier zuständig ist. Typischerweise haben Führungskräfte einen gewissen Überblick über die Verwaltung und weiß, wer wofür zuständig ist.

Das Vorgesetztenmodell hat einige Vorteile:

- Der Empfänger eines Verbesserungsvorschlags kann (meist) selbst entscheiden. Dadurch wird viel Bürokratie eingespart.
- Führungskraft und Mitarbeiter kommunizieren häufiger und direkter als Mitarbeiter und ein zentraler Ideenmanager. Wenn beispielsweise ein grundsätzlich

guter, aber noch nicht vollständig ausgearbeiteter Verbesserungsvorschlag eingereicht wird, dann kann der Vorgesetzte mit seinem Mitarbeiter besprechen,
welche Schritte nötig sind, um einen vollständigen und umsetzungsreifen
Vorschlag zu entwickeln.

- Eine Führungskraft kann ihren Mitarbeitern direkt sagen, in welchem Bereich
  aktuell Verbesserungsvorschläge besonders erwünscht sind.
- Ein Mitarbeiter kann im Voraus bei seinem Vorgesetzten anfragen, ob ein
  Verbesserungsvorschlag in einer gewissen Richtung überhaupt Aussicht auf
  Erfolg hat.
- Wenn der Vorgesetzte in seinem Bereich auch einen kontinuierlichen Ver-
  besserungsprozess betreibt, dann kann er diesen und das Vorschlagswesen so
  abstimmen, dass beide Systeme optimalen Nutzen einbringen.

Probleme bereitet das Vorgesetztenmodell dann, wenn ein Mitarbeiter Probleme
mit seinem Vorgesetzten hat.

Unter allen Verwaltungen und Unternehmen, die ein betriebliches Vorschlagswesen eingerichtet haben, wird das Vorgesetztenmodell wird von knapp 30 %
eingesetzt. Es zeigt im Durchschnitt über Verwaltungen und Unternehmen
folgenden Ergebnisse:

- Berechenbarer Nutzen pro Mitarbeiter und Jahr: 1.104 €
- Beteiligungsquote: 39 %
- Realisierungsquote: 50 %

Das Vorgesetztenmodell im betrieblichen Vorschlagswesen gehört zu den erfolg-
reicheren Modellen.

4.2.2.3 Mischmodell

Das Mischmodell des betrieblichen Vorschlagswesens versucht, die Stärken des
zentralen Modells und die Stärken des Vorgesetztenmodells zu kombinieren.

Grundsätzlich werden Verbesserungsvorschläge beim Vorgesetzten eingereicht. Wenn der Einreicher jedoch klar sieht, dass der Vorgesetzte hier nicht
verantwortlich ist, dann kann er den Vorschlag auch beim zentralen Vorschlagswesen einreichen. Wenn ein Vorgesetzter nicht genau weiß, an wen er einen nicht
in seinen Bereich fallenden Vorschlag weiterleiten soll, dann kann ebenfalls das
zentrale Vorschlagswesen weiterhelfen.

Manchmal wird auch das zentrale betriebliche Vorschlagswesen als Gegen-
gewicht zum Vorgesetzten genutzt. So kann es eine Regel geben, wonach der
Vorgesetzte Prämien bis zu einer bestimmten Größe selbst vergeben kann. Höhere

Prämien müssen vom zentralen Vorschlagswesen genehmigt werden. Oder des kann eine Regel geben, wonach Einreicher, die mit der Entscheidung ihres Vorgesetzten nicht einverstanden sind, das zentrale betriebliche Vorschlagswesen um eine Stellungnahme oder Entscheidung bitten kann.

Schließlich kann das zentrale Vorschlagswesen auch als Servicestelle für die Vorgesetzten fungieren. Es kann Schulungen zu Problemlöse- und Kreativitätstechniken anbieten, Werbematerial bereitstellen oder zentral Statistiken und Berichte erstellen.

Unter allen Verwaltungen und Unternehmen, die ein betriebliches Vorschlagswesen eingerichtet haben, wird das Mischmodell wird von einem Drittel eingesetzt. Es zeigt im Durchschnitt über alle Verwaltungen und Unternehmen folgenden Ergebnisse:

- Berechenbarer Nutzen pro Mitarbeiter und Jahr: 454 €
- Beteiligungsquote: 32 %
- Realisierungsquote: 44 %

Die Werte des Mischmodells liegen zwischen denen des zentralen Modells und dem des Vorgesetztenmodells des betrieblichen Vorschlagswesens.

4.2.2.4 Teammodell

Das Teammodell ist die jüngste Entwicklung im betrieblichen Vorschlagswesen.

In etlichen Unternehmen, vielleicht auch in einigen Verwaltungen, treffen sich die Mitglieder einer Abteilung jeden Tag oder einmal in der Woche zu einer Abteilungsrunde, bei der Projektstände, Aufgaben und andere die Abteilung betreffende Gegenstände besprochen werden.

Das Teammodell nutzt nun diese Teambesprechungen der Mitarbeiter und Führungskräfte dieser Abteilung. Dort werden die eingegangenen Vorschläge besprochen, weiterentwickelt, die Umsetzung beschlossen. Ähnlich wie im Vorgesetztenmodell funktioniert dies gut für Verbesserungsvorschläge, die den Arbeitsbereich des Teams besprechen. Andere Vorschläge müssen an die entsprechende Abteilung weitergeleitet werden.

Unter allen Verwaltungen und Unternehmen, die ein betriebliches Vorschlagswesen eingerichtet haben, wird das Teammodell wird von drei Prozent eingesetzt. Es zeigt im Durchschnitt über die Verwaltungen und Unternehmen folgenden Ergebnisse:

- Berechenbarer Nutzen pro Mitarbeiter und Jahr: 386 €
- Beteiligungsquote: 32 %
- Realisierungsquote: 52 %

Aufgrund der geringen Verbreitung liegen nur sehr wenige Werte für das Teammodell vor. Entsprechend sind die hier dargestellten Ergebnisse sehr vorsichtig zu interpretieren. Falls regelmäßig passende Teambesprechungen durchgeführt werden, kann das Teammodell ein durchaus interessanter Ansatz sein.

Konzeptionell fällt die Nähe des Teammodells zum kontinuierlichen Verbesserungsprozess auf. Möglicherweise kann sich das Teammodell des Vorschlagswesens zum Verbesserungsprozess für die Branchen entwickeln, in denen ein kontinuierlichen Verbesserungsprozess nicht üblich ist. Dies dürfte für viele Verwaltungen gelten.

4.2.3 Weitere vor dem Start zu klärende Punkte

4.2.3.1 Definition eines Verbesserungsvorschlags

Die grundsätzliche Definition eines Verbesserungsvorschlags wurde bereits oben (S. xx) gegeben. Beim Start eines Vorschlagswesens ist nun zu definieren, was in dieser Verwaltung konkret als Verbesserungsvorschlag gelten soll.

In der Start-Phase geht es zunächst einmal darum, das Vorschlagswesen in Gang zu bekommen. Wenn dann viele Vorschläge als „ist keine Idee im Sinne der Dienstvereinbarung" zurückgewiesen werden, dann kann dies die grundsätzliche Bereitschaft schmälern, Vorschläge einzureichen. Daher wäre der Rat, am Anfang etwas großzügiger zu sein. Später kann man dann immer noch argumentieren: „Wir haben viele gute und einige weniger brauchbare Vorschläge bekommen, nun wollen wir uns auf die guten Vorschläge konzentrieren und deshalb die Definition eines Verbesserungsvorschlags anpassen."

4.2.3.2 Einreichungsberechtigte

Grundsätzlich sind alle Beschäftigten einer Verwaltung einreichungsberechtigt. Doch dieser Kreis kann eingeschränkt werden: Manche Dienstvereinbarungen sehen vor, dass die Verwaltungsspitze, oder auch alle Beschäftigten oberhalb einer bestimmten Besoldungsgruppe, vom Vorschlagswesen ausgenommen werden. Die Begründung: Von diesen Beschäftigten erwartet man ohnehin, dass sie sich für Verbesserungen in der Verwaltung einsetzen, das ist in diesen Fällen eine Sonderleistung, die mit einer Prämie abgegolten werden muss. Diese Argumentation ist nachvollziehbar, richtet sich aber eigentlich gegen die Prämie. In einigen Fällen können daher auch leitende Führungskräfte Verbesserungsvorschläge einreichen, erhalten aber keine Prämie.

4.2.3.3 Prämierung

Die Prämienregelung soll zwei Kriterien genügen:

- Die Prämienregelung soll möglichst einfach und leicht verständlich sein.
- Die Prämierung soll gerecht sein.

Wenn man für alle Situationen eine gerechte Regelung einführt, dann bekommt man eine komplexe und eher nicht leicht verständliche Regelung – das ist eines der beiden Grundprobleme der Prämierung im Vorschlagswesen.

Das andere Grundproblem der Prämierung lautet: Die Prämie trägt nur zu einem geringen Teil zum Erfolg eines Vorschlagswesens bei. Dennoch geht viel Energie in die Prämierung, werden sehr detaillierte Prämienregelungen erlassen und wird ein großer Teil der Sitzungszeit einer Kommission mit der Festlegung einzelner Prämien verbracht. Diese Energie könnte auch verwendet werden, um Einreicher bei der Erstellung von Verbesserungsvorschlägen zu unterstützen oder um Marketing für das Ideenmanagement zu betreiben.

Die Kultur ist in den einzelnen Verwaltungen sehr unterschiedlich. In einigen Verwaltungen, nennen wir sie Typ 1, werden Ungerechtigkeiten bei der Prämierung toleriert, nach dem Motto: Einmal bekommt ein Einreicher zu wenig, einmal bekommt er zu viel Prämie, langfristig gleicht sich das aus.

In anderen Verwaltungen, die wir Typ 2 nennen, wird jede Entscheidung auf die Goldwaage gelegt.

Je näher die Kultur einer Verwaltung dem ersten Typ entspricht, desto leichter kann eine Prämienregelung erarbeitet werden. Eine möglichst einfache Prämienregel könnte aus einer Tabelle wie der folgenden bestehen.

	Anwendung selten	Anwendung mittel	Anwendung häufig
Geringe Verbesserung	1	2	3
Mittlere Verbesserung	2	3	4
Große Verbesserung	3	4	5

Die Kommission bestimmt den Punktwert, dieser wird mit einem Eurobetrag multipliziert, und damit können weit über 90 % der Verbesserungsvorschläge prämiert werden. Verbesserungsvorschläge mit riesigem Nutzen und/oder einer sehr großen Innovationshöhe werden nur selten eingereicht, hier kann sich die Verwaltungsspitze vorbehalten, eine höhere Prämie zu zahlen.

Bei Verwaltungen, die eher dem Typ 2 entsprechen, wird man eine differenziertere Prämienregelung aufbauen müssen. Für Verbesserungsvorschläge ohne berechenbaren Nutzen wird eine Tabelle wie oben vorgesehen, vielleicht noch mit einem Korrekturfaktor für die Stellung im Hause: Bei leitenden Führungskräften ist ein Teil des Engagements für Verbesserungen bereits mit dem Gehalt abgegolten, sodass diese nur die Hälfte der Prämie erhalten. Für Auszubildende ist die Erarbeitung eines Verbesserungsvorschlags eine besondere Leistung, sie erhalten die doppelte Prämie, und Beschäftigte in den Stufen dazwischen erhalten einen angemessenen Korrekturfaktor.

Für Verbesserungsvorschläge mit einem berechenbaren Nutzen wird eine Rechenvorschrift für den Nutzen festgelegt (Nutzen des ersten Jahres, oder der ersten drei Jahre? Nutzen nach Abzug der Kosten für die Umsetzung des Verbesserungsvorschlags, oder Bruttonutzen? Projektion des Nutzens, oder Abrechnung nach Umsetzung und ein- oder dreijähriger Nutzung?) und dann ein Anteil dieses Nutzens als Prämie ausgeschüttet, auch hier können wieder Korrekturfaktoren angewendet werden, wie das eben beschrieben wurde. Mit dem Argument, dass die Entwicklung eines einfachen Verbesserungsvorschlags verhältnismäßig aufwendiger ist als die Entwicklung eines Verbesserungsvorschlags mit sehr hohem Nutzen kann man auch den Prämiensatz degressiv gestalten: Es gibt fast beliebig viele Möglichkeiten, eine Prämienregelung komplex zu gestalten. Ob man damit dem Ziel einer gerechten Prämierung näherkommt, das sei dahingestellt. In der Praxis findet man tatsächlich immer wieder sehr komplexe Prämiensysteme, ohne dass dies zu einem besonders erfolgreichen Vorschlagswesen führt.

4.2.3.4 Besetzung von Stellen und Gremien

Für den Start des Vorschlagswesens müssen die notwendigen Stellen besetzt sein. Zentral ist der Beauftragte für das betriebliche Vorschlagswesen. Im laufenden Betrieb kann man für den Beauftragten auch eine Nachwuchsführungskraft vorsehen, die durch die Arbeit als Beauftragter für das Vorschlagswesen die Verwaltung intensiv kennenlernt und erste Managementerfahrung sammelt. Für den Start eines neuen Vorschlagswesens ist aber deutlich anzuraten, eine mit dem Haus vertraute und von den Beschäftigten weithin akzeptierte Person zum Beauftragten zu ernennen. In Unternehmen wird der Beauftragte für das betriebliche Vorschlagswesen häufig auch „Ideenmanager" genannt, und dies mit gutem Grund: Die Führung eines Vorschlagswesens ist tatsächlich eine Managementaufgabe. Damit muss der Beauftragte Führungs- und Managementqualitäten zeigen, und dies gilt besonders beim Start eines Vorschlagswesens für den ersten Beauftragten. Unabhängig von Mitbestimmungsrechten sollte der Beauftragte auch vom Personalrat akzeptiert werden.

In der Kommission kann es beim Start sinnvoll sein, wenn sich die Behördenspitze oder eine höhere Führungskraft in der Kommission engagiert. So wird deutlich, dass die Verwaltungsspitze das Vorschlagswesen wirklich unterstützt. Später kann dann die Kommissionsarbeit mehr und mehr auf einen Stellvertreter übergehen.

4.2.4 Start

Der Start des Vorschlagswesens sollte eine gewisse Aufmerksamkeit erregen. Dazu ist internes Marketing für das Vorschlagswesen sinnvoll. Konkret also: Ankündigung bei der Personalversammlung, auf jedem „schwarzen Brett", im Intranet, und, und, und. Je mehr, desto besser. Und: Je höherrangig die Befürworter, desto besser. In einigen Organisationen zählt auch externe Expertise, gelegentlich werden also auch externe Fachleute zu einer Einführungsveranstaltung (neudeutsch: Kick-off-Meeting) eingeladen und referieren zu Erfolgen des Vorschlagswesens. Auch ein positives Signal des Personalrats hilft.

Und nach dem Start heißt es für den Beauftragten für das betriebliche Vorschlagswesen und die Kommission erst einmal: Warten. Langsam werden die ersten Verbesserungsvorschläge einlaufen. Das führt uns zum ersten Jahr des Vorschlagswesens.

4.2.5 Erstes Jahr

Im ersten Jahr steht das neu gestartete betriebliche Vorschlagswesen unter Beobachtung. Meinen „die da oben" es wirklich ernst mit dem Vorschlagswesen? Werden die Verbesserungsvorschläge fair bearbeitet? Haben die Beschäftigten wirklich eine Möglichkeit, durch gute Vorschläge Einfluss zu nehmen?

Daher ist es wichtig, die eingehenden Verbesserungsvorschläge nicht nur fair, sondern auch wohlwollend zu bearbeiten. Die ersten Verbesserungsvorschläge sind möglicherweise nicht unbedingt von der Qualität, die man sich bei der Einrichtung des Vorschlagswesens gewünscht hat. Typische erste Vorschläge sind der Bewegungsmelder auf der Toilette, Sonnenkollektoren auf dem Dach und Verbesserungen in der Büroausstattung – im Jargon auch „Schöner Wohnen Vorschläge" genannt. Das ist nicht dem bösen Willen der Beschäftigten geschuldet. Solche Vorschläge liegen auf der Hand, und die Beschäftigten können häufig (noch) nicht gute Verbesserungsvorschläge entwickeln. Kreativitäts- und Problemlösemethoden sind kaum Bestandteil von Aus- und Fortbildungen für Berufsbilder, die man in öffentlichen Verwaltungen findet.

Wenn die „Schöner Wohnen Vorschläge" alle abgelehnt werden, weil sie ja tatsächlich die Verwaltung nicht voran bringen, dann entsteht schnell der Eindruck: Das Vorschlagswesen ist gar nicht ernst gemeint, die eingereichten Vorschläge werden ja doch abgelehnt. Wenn die „Schöner Wohnen Vorschläge" alle angenommen und prämiert werden, dann entsteht genauso schnell der Eindruck: Das Vorschlagswesen führt zu keinen ernsthaften Verbesserungen. Der Beauftragte und die Kommission müssen also eine Gradwanderung gehen und einerseits vollkommen unsinnige Vorschläge ablehnen, andererseits einige Vorschläge annehmen und umsetzen, dabei vielleicht in Vier-Augen-Gesprächen mit dem Einreicher klären, dass in Zukunft Vorschläge besserer Qualität erwartet werden, und gleichzeitig die Einreicher informieren, fortbilden und coachen, sodass im Laufe der Zeit die Qualität der Verbesserungsvorschläge steigt.

Dieses erste Jahr des Vorschlagswesens ist eine sehr arbeitsintensive Zeit, es ist gut, wenn sich der Beauftragte in diesem Jahr intensiv mit dem Vorschlagswesen beschäftigen kann. Denn: Wenn die Beschäftigten in diesem Jahr überzeugt werden, dass das Vorschlagswesen etwas Gutes ist, dann kann es langfristig die Verwaltung voranbringen. Wenn die Beschäftigten aber nach einem Jahr überzeugt sind, dass das Vorschlagswesen gar nicht ernstgemeint war, dann ist dieses Thema in den nächsten Jahren „verbrannt", und die Verwaltung wird sich auch mit verwandten Themen wie Lean Management oder agiler Verwaltung schwer tun.

Wie führt man ein Vorschlagswesen erfolgreich durch?

Eine schlechte Nachricht zu Beginn: Vorschlagswesen ist nie ein Selbstläufer. Erfolgreiches Vorschlagswesen basiert immer auf Menschen, die das Vorschlagswesen vorantreiben. In diesem Kapitel werden einige Maßnahmen vorgestellt, wie man ein Vorschlagswesen erfolgreich durchführen kann.

5.1 Aktive Elemente: Kampagnen, Coaching Workshops

Das schlechteste Vorschlagswesen hat einen harmlos klingenden Namen: „Spontanes Vorschlagswesen".

„Spontanes Vorschlagswesen" heißt: Der Beauftragte für das betriebliche Vorschlagswesen sitzt in seinem Büro und wartet auf Verbesserungsvorschläge. Wenn jemand einen Vorschlag einreicht, dann wird dieser Vorschlag vorschriftsgemäß bearbeitet. Wenn kein Vorschlag kommt, dann wartet der Beauftragte weiter, oder arbeitet Dinge ab, die nichts mit dem Vorschlagswesen zu tun haben.

Das spontane Vorschlagswesen führt zu richtig schlechten Ergebnissen.

Das Gegenteil von spontanem Vorschlagswesen ist der Einsatz aktiver Elemente. Aus der Vielzahl von aktiven Elementen, die im Vorschlagswesen eingesetzt werden, werden die am häufigsten eingesetzten in dieser Einführung vorgestellt:

- Kampagnen,
- Coaching und
- Workshops.

G. Richenhagen und H.-D. Schat, *Vorschlagswesen zur Innovation in der Öffentlichen Verwaltung,* essentials, https://doi.org/10.1007/978-3-658-37059-6_5

5.1.1 Kampagnen

Die Kampagne dürfte das am häufigsten eingesetzte aktive Element für das betriebliche Vorschlagswesen sein.

Für eine begrenzte Zeit werden Verbesserungsvorschläge für einen bestimmten Bereich (oder von einer bestimmten Mitarbeitergruppe, oder Vorschläge mit anderen Eigenschaften) gesammelt und besonders prämiert.

- Beispielsweise bekommt in den nächsten drei Monaten jeder, der einen Verbesserungsvorschlag zur Energieeffizienz einreicht zusätzlich zur Prämie noch eine Baseball-Kappe, ein Klemmbrett oder einen USB-Stick mit dem Aufdruck „Energie-Held des xx-Amtes".
- Oder bis Jahresende erhalten alle Gruppenvorschläge zwanzig Prozent mehr Prämie, um die Zusammenarbeit in der Verwaltung und das Bilden von Arbeitsgruppen zu fördern.
- Oder alle Neu-Einreicher (Einreicher, die im letzten Jahr keinen Verbesserungsvorschlag eingereicht haben), oder alle Auszubildenden, oder alle in diesem Jahr eingestellten Mitarbeiter, die einen Vorschlag einreichen, werden zu einem Workshop zu Problemlösemethoden eingeladen, einschließlich einem gemeinsamen Mittagessen mit der Verwaltungsspitze.

Das Muster lässt sich je nach Anforderungen in der Verwaltung variieren. Wenn die Verwaltung gerade in einem bestimmten Bereich (Qualität, effizienter Einsatz von Energie oder Material, Akzeptanz bei Bürgern, politischer Ebene oder anderen Zielgruppen, Attraktivität für Nachwuchskräfte, …) ein Problem hat, dann kann das Vorschlagswesen hierzu eine Kampagne fahren. Wenn sich eine bestimmte Mitarbeitergruppe zu selten am Vorschlagswesen beteiligt, dann kommt die nächste Kampagne. Und wenn in den letzten Monaten die Zahl der Vorschläge eingebrochen ist, dann finden alle Mitarbeiter zu Ostern ein Schokoladenosterei an ihrem Arbeitsplatz vor mit einem Informationsblatt, wie ein Vorschlag eingereicht wird, und dass es nicht unbedingt das Ei des Kolumbus sein müsse. Das Informationsblatt kann mehrere Sprachen verwenden, wenn Menschen mit nicht-deutscher Muttersprache in der Verwaltung arbeiten. Unter allen Einreichern der nächsten zehn Wochen wird für einen Wochenendausflug ein Kabrio und ein Hotelgutschein verlost. Und so weiter …

Wichtig ist, das für die Kampagnen intensiv geworben wird. Mögliche Werbemedien sind:

- Aushänge am schwarzen Brett,

- Beilagen zur Gehaltsabrechnung,
- Informationen im Intranet,
- ein Beitrag auf der Personalversammlung (eine gute Gelegenheit für Personalrat und Verwaltungsspitze, das Vorschlagswesen zu unterstützen),
- Flugblätter, die auf dem Mitarbeiterparkplatz hinter die Scheibenwischer geklemmt werden,
- bedruckte Servietten in der Kantine,
- persönliche Information durch den Beauftragten, der sich als Gast in alle Abteilungsbesprechungen einlädt.

Viele Führungskräfte in den oberen Hierarchiestufen entscheiden zahlenorientiert. Daher muss jede Kampagne mit einer Auswertung abschließen: Wie viele Vorschläge wurden zusätzlich eingereicht? Welcher zusätzliche Nutzen ist durch die Kampagne zu erwarten?

Drei oder vier Kampagnen pro Jahr sind ein guter Orientierungswert. Und ich möchte hier keine Missverständnisse aufkommen lassen: Kampagnen müssen sein. Ein Vorschlagswesen läuft nie von alleine. Die Kollegen brauchen immer wieder Anstöße, immer wieder die Erinnerung, dass es das Vorschlagswesen gibt und dass sie dort bitte Vorschläge einreichen. Die einzigen zulässigen Fragen hier sind: Wie originell, wie wirksam ist Ihre Kampagne?

5.1.2 Coaching und Workshops

Eine der überraschenden Erkenntnisse aus der „Ideenmanagement Studie 2016" und der „Ideenmanagement Studie 2018" war die große Bedeutung des Coachings für Erfolge im Vorschlagswesen (Schat, 2017a, 2019a).

Andererseits ist es wenig überraschend. Es genügt einfach nicht, den Kollegen zu sagen „Seid doch mal schön kreativ" und dann auf die genialen Vorschläge zu warten. Zwei Hindernisse sind zu adressieren:

- Die meisten Beschäftigten kennen ihren eigenen Arbeitsplatz, haben vielleicht noch ein grobes Bild von den vor- und den nachgelagerten Arbeitsschritten. Aber ein Bild vom gesamten Prozess fehlt vielen Beschäftigten.
- Nur die wenigsten Beschäftigten sind in Problemlöse- und Kreativitätstechniken geschult.

Und deshalb ist der Beauftragte als Prozess- und Methodencoach gefragt.

Coaching kann in verschiedener Formalisierung und Intensität umgesetzt werden. Schaut man sich die Optionen an, so ist einfaches Coaching eigentlich nichts Besonderes. Man muss es nur tun. „Coaching" kann zum Beispiel heißen:

- Direkte Ansprache von Einreichern. Beispiel: Ein im Allgemeinen recht cleverer Kollege reicht einen ausgesprochen dummen Verbesserungsvorschlag ein. Nun kann das Vorschlagswesen den Vorschlag nach allen Regeln bearbeiten und ablehnen. Oder der Beauftragte geht mal bei diesem Kollegen vorbei und fragt ihn, was er da eigentlich gemeint hat. Oft stellt sich im persönlichen Gespräch heraus, dass der Vorschlag ganz anders gemeint war und einen sehr intelligenten Kern hat. Ich war gut vier Jahre Beauftragter für das betriebliche Vorschlagswesen an einem Fraunhofer Institut und hätte vorher gedacht, dass Wissenschaftler doch wohl in der Lage sein müssten, ihre Verbesserungsvorschläge klar und verständlich zu formulieren. Sie sind es nicht. Ich habe etliche gute Vorschläge erhalten, in dem ich bei den Einreichern von dummen Vorschlägen nachgefragt habe.
- Für die Kollegen ansprechbar sein. Einige Beauftragte machen es sich zur Gewohnheit, an einem bestimmten Wochentag zu einer bestimmten Zeit in einer bestimmten Dienststelle herumzustreunen. Sie sprechen mit dem ein oder anderen Kollegen, schauen sich Vorschläge an, die gerade umgesetzt werden, und sind einfach ansprechbar. Solche „Sprechzeiten vor Ort" können offiziell ausgehängt werden. Auch ohne offizielle Bekanntmachung wissen die Kollegen aber bald: An diesen Tagen, zu diesen Zeiten, ist ein Beauftragter vor Ort und ansprechbar.
- Sprechstunden. An bestimmten Tagen ist zu bestimmten Zeiten der Beauftragte in seinem Büro erreichbar und kann befragt werden. Diese Form des Coachings setzt viel Aktivität bei den Einreichern voraus: Sie müssen sich über die Sprechzeiten des Beauftragten informieren und sich in dieser Zeit von ihrem eigentlichen Arbeitsplatz frei machen. Aber auch eine Sprechstunde ist viel besser als eine nur zufällige Erreichbarkeit des Beauftragten.
- Professionelles Coaching. Selbstverständlich kann sich ein Beauftragter auch zum Business-Coach ausbilden lassen und dann ein professionelles Coaching im Kontext des betrieblichen Vorschlagwesens anbieten. Manchmal kann eine solche Ausbildung mit Unterstützung des Dienstherren absolviert werden. Selbst wenn dies nicht der Fall ist, kann eine Coaching-Ausbildung eine Option sein: Zum einen können Beauftragte sich persönlich weiterentwickeln, zum anderen realisieren besser qualifizierte und erfolgreichere Beauftragte für das betriebliche Vorschlagswesen im Durchschnitt auch ein höheres Einkommen.

Workshops gehen etwas stärker in Richtung Fortbildung. Je nach Gepflogenheiten in der Verwaltung kann der Beauftragte oder das Bildungswesen der Verwaltung Veranstaltungen zu verschiedenen Problemlöse- und Kreativitätstechniken anbieten. Gute Beispiele sind

- Brainstorming und Brainwriting
- Fischgrätendiagram
- FMEA
- 5-mal „Warum" fragen
- Kata
- Lösung vom Ziel her entwickeln
- Kopfstandmethode (Wie könnten wir die Situation so richtig schlecht gestalten?)

Solche Workshops können sich über einen Tag erstrecken, aber auch in einer Stunde oder einem halben Tag kann man eine Menge Wissen und Erfahrungen vermitteln. Manchmal werden Workshops besonders erfolgreich, wenn ein Einreicher mit Vorträgt und erzählt, wie er eine dieser Techniken erfolgreich angewendet hat.

In diesem Sinne kann ein Beauftragter auch Veranstaltungen organisieren, in denen ein Überblick über die großen Zusammenhänge im Unternehmen gegeben werden und die wichtigsten Prozesse dargestellt werden. Damit können sich Einreicher ein Bild davon machen, in welchen Bereichen ihre Verbesserungsvorschläge möglicherweise Auswirkungen haben, und diese Auswirkungen bei der Entwicklung von Verbesserungen berücksichtigen.

5.1.3 Kennzahlen und Controlling

Das betriebliche Vorschlagswesen wird meist von Menschen betrieben, die der Überzeugung sind, dass das betriebliche Vorschlagswesen etwas Sinnvolles und Nützliches ist. Einerseits ist das gut, andererseits verstellt das manchmal den Blick dafür, dass alle Aktivitäten in der Verwaltung ihren Beitrag zum Ziel der Verwaltung leisten müssen. Das betriebliche Vorschlagswesen ist da keine Ausnahme.

In den meisten Verwaltungen, in denen ein betriebliches Vorschlagswesen etabliert ist, existiert eine Dienstvereinbarung zum Vorschlagswesen. Manchmal wird das Vorschlagswesen nur deshalb weiter betrieben, weil es zu mühsam ist, diese Dienstvereinbarung zu kündigen oder neu zu verhandeln. Eine schwer zu kündigende Dienstvereinbarung ist ein ganz schwaches Argument für das Vorschlagswesen, und in dieser Situation wird der Beauftragte vermutlich kaum Unterstützung aus irgendeiner Abteilung bekommen und ein schweres Leben haben.

Wer für sein Vorschlagswesen nachhaltig Unterstützung in der Verwaltung erhalten möchte, sollte also den Nutzen des Vorschlagswesens nachweisen können und darstellen können, wie sich das Vorschlagswesen im Laufe der Zeit verbessert und wie das eigene Vorschlagswesen im Vergleich zu anderen Verwaltungen dasteht.

Daher sind Kennzahlen notwendig. Gerne konzentriert man sich auf die „Big 5", also auf die fünf Kennzahlen, die in praktisch jedem Ideenmanagement erhoben werden. Diese sind

- Beteiligungsquote
- Realisierungsquote
- Bearbeitungsdauer
- Nutzen pro Mitarbeiter und Jahr
- Nutzen pro umgesetzter Idee

Die Beteiligungsquote zählt die Anzahl der Beschäftigten, die sich am betrieblichen Vorschlagswesen beteiligt haben, sei es durch einen eigenen Vorschlag, sei es durch die Beteiligung an einem Gruppenvorschlag. Diese Zahl wird dividiert durch die Anzahl der Mitarbeiter, die sich am Vorschlagswesen beteiligen können. Wenn Verwaltungen das betriebliche Vorschlagswesen hauptsächlich mit dem Ziel einer guten Kulturarbeit einsetzen, dann fehlt häufig eine zentrale Erfolgskennzahl – wie lässt sich Unternehmenskultur messen? Als Ersatz kann die Beteiligungsquote dienen. Laut der Ideenmanagement Studie 2018 beträgt die durchschnittliche Beteiligungsquote über alle Branchen, Unternehmensgrößen und Regionen hinweg etwa 30 %. Je nach Branchen, Anzahl Mitarbeiter, Regionen und auch der Dauer, die das Vorschlagswesen bereits im Unternehmen etabliert ist, kann sich die Vergleichsgröße deutlich unterscheiden. Eine Verwaltung sollte sich nur mit vergleichbaren Verwaltungen vergleichen.

Die Realisierungsquote gibt den Anteil der umgesetzten an den eigereichten Verbesserungsvorschlägen an. Die Realisierungsquote ist im engeren Sinne keine Ergebniskennzahl des Vorschlagswesens, aber sie sagt dennoch einiges über die Qualität des Vorschlagswesens aus. Wie oben dargestellt sind umgesetzte Verbesserungsvorschläge für alle Beteiligten schlecht. Damit sollte ein Vorschlagswesen eine möglichst hohe Realisierungsquote anstreben. Die durchschnittliche Realisierungsquote über alle Unternehmen aus der Ideenmanagement Studie 2018 beträgt rund 45 %.

Die Bearbeitungsdauer kann auf zwei Arten gemessen werden: Als Durchlaufzeit bis zur Entscheidung und als Durchlaufzeit bis zur Umsetzung. Auf den ersten Blick gesehen ist eine geringe Durchlaufzeit erstrebenswert. Andererseits benötigen die großen, radikalen, grundsätzlichen Verbesserungsvorschläge meist viele Schritte, um zu einer Entscheidung und dann zur Umsetzung zu kommen. Dies versteht auch jeder Einreicher. Problematisch sind nur Verbesserungsvorschläge mit minimalem Nutzen und einer hohen Bearbeitungszeit. Anders als bei anderen Kennzahlen des Vorschlagswesens kann hier also nicht die Empfehlung gegeben werden, die Bearbeitungsdauer auf jeden Fall möglichst in einem bestimmten Bereich zu halten. Die durchschnittlichen Bearbeitungsdauern bis zur Entscheidung beträgt nach der Ideenmanagement Studie 2018 rund 70 Kalendertage, bis zur Umsetzung vergehen 106 Kalendertage.

Der berechenbare Nutzen berücksichtigt nur den in Euro ausdrückbaren Nutzen. Vorschläge für den Arbeitsschutz, das betriebliche Gesundheitsmanagement oder ein besseres Image bei Bürgern oder Mitarbeitern können sehr nützlich sein, sind aber kaum mit Geldeinheiten zu bewerten und sind daher in dieser Kennzahl nicht enthalten. Für Verwaltungen, die das Vorschlagswesen mit dem hauptsächlichen Ziel eines hohen wirtschaftlichen Nutzens betreiben ist der berechenbare Nutzen pro Mitarbeiter und Jahr die zentrale Erfolgskennziffer für das betriebliche Vorschlagswesen. Im Durchschnitt sparen Unternehmen pro Mitarbeiter und Jahr rund 600 € ein.

Der Aufwand für die Bearbeitung eines Verbesserungsvorschlags ist bei einem hohen Nutzen nicht viel höher als bei einem geringen Nutzen. Die berechenbare Einsparung pro umgesetzter Idee ist also auch ein Indikator für die Effizienz des Vorschlagswesens. Im Durchschnitt liegt sie bei 12.000 €.

Im Buch „Ideenmanagement Studie 2018" und auf dem Ideenmanagement-Blog.de werden für einzelne Branchen und Unternehmensgrößen Kennzahlen zum eigenen Vergleich dargestellt. In der ersten Jahreshälfte 2022 soll die Ideenmanagementstudie 2022 erscheinen, die dann noch aktuelle Vergleichsdaten enthält. Aktuelle Informationen finden Sie auf dieser Seite: https://ideenmanagem ent-studie.de/

Neben dem Vergleich mit anderen Verwaltungen kann auch der Vergleich mit der eigenen Vergangenheit sinnvoll sein. Ein Grundprinzip des Vorschlagswesens ist die kontinuierliche Verbesserung, und selbstverständlich soll auch das betriebliche Vorschlagswesen immer wieder ein bisschen besser werden.

Was aber bedeutet für ein Unternehmen „besser"? Das betriebliche Vorschlagswesen soll ja einen Beitrag zum Erreichen der Ziele der Verwaltung leisten. Daher ist es wichtig, dass

1. das Vorschlagswesen überhaupt Ziele hat und.
2. dass diese Ziele in Übereinstimmung mit den Zielen der Verwaltung stehen.

Die erste Bedingung erscheint trivial, ist jedoch in vielen Verwaltungen und Unternehmen tatsächlich nicht gegeben. Aber erst die zweite Bedingung sichert dem Vorschlagswesen seine Stellung in den Verwaltungen.

Die hier angesprochenen, und viele andere, Kennzahlen werden von einer Software für das betriebliche Vorschlagswesen ausgegeben. Diese ist das Thema des nächsten Kapitels.

5.1.4 Software

Als Faustformel mag dienen: Für eine einstellige Zahl an Verbesserungsvorschlägen pro Jahr ist gar keine Software notwendig, hier kennt der Beauftragte jede Idee persönlich und kann sich mit ein paar Notizzetteln behelfen.

Für eine zweistellige Zahl an Verbesserungsvorschlägen genügen eine selbsterstellte Excel-Tabelle und ein paar Textvorlagen in Word. Open Office oder andere Tabellenkalkulations- und Textverarbeitungsprogramme funktionieren selbstverständlich genauso.

Wenn die Anzahl der Verbesserungsvorschläge deutlich über ein- oder zweihundert hinausgeht, dann kann zumindest über eine eigene Software für das betriebliche Vorschlagswesen nachgedacht werden. Dies umso mehr, wenn die Verbesserungsvorschläge nicht nur von einer Person verwaltet werden sollen oder wenn das Vorschlagswesen mehrere Standorte bedient.

Wie bei jeder Software so stellt sich auch bei der Software für das betriebliche Vorschlagswesen die Frage, ob sie selbst programmiert oder gekauft werden soll. Für beide Optionen gibt es gute Gründe, auf jeden Fall müssen hier der Beauftragte für das Vorschlagswesen und die EDV-Abteilung eng zusammenarbeiten.

Bei selbsterstellter Software ist manchmal die Dokumentation ein Problem – man kann mit relativ wenig Kosten eine Software durch einen Werkstudenten erstellen lassen, doch wenn dieser die Verwaltung verlassen hat, ist nicht immer klar, was die Software genau tut. Dies fällt auf, wenn Prozesse geändert oder Fehler behoben werden müssen.

Bei käuflicher Software müssen die Angebote verschiedener Softwarehäuser miteinander verglichen werden. Ein klarer Markführer oder gar eine Standardsoftware haben sich nicht herausgebildet. Software für das Vorschlagswesen wird selten einfach gekauft, installiert und dann betrieben. Häufig sind Anpassungen vor dem Einsatz oder im Laufe der Nutzung nötig. Dann kommt es darauf an, dass die Arbeitsweise der eigenen Verwaltung und die Arbeitsweise des Softwarehauses zusammenpassen.

Ein Trost, wenn die Auswahl der Software größeres Kopfzerbrechen bereitet: Software ist ein Hygienefaktor. Das bedeutet: Schlechte Software kann dem Vorschlagswesen schaden. Wenn eine Software ständig abstürzt oder unerwartete Dinge tut, dann werden die Anwender sie nur ungerne oder gar nicht nutzen und beispielsweise keine Vorschläge und keine Gutachten eingeben.

Wenn die Software aber grundsätzlich funktioniert, dann hängt der Erfolg des Vorschlagswesens nicht vom Programm ab. Niemand reicht einen Verbesserungsvorschlag ein, weil die Software so toll ist. Wer als Beauftragter also eine funktionierende Software zur Verfügung hat, der kann sich auf andere erfolgskritische Faktoren konzentrieren, beispielsweise auf den Einsatz aktiver Elemente.

5.1.5 Ergänzungen zum Vorschlagswesen

Vorschlagswesen ist ein sinnvolles und effektives Werkzeug. Wenn nach der Einführung alle „niedrig hängenden Früchte" geerntet sind und zu vermuten ist, dass das reine Vorschlagswesen allein nicht alle Verbesserungsmöglichkeiten der Verwaltung hebt, dann können Ergänzungen zum Vorschlagswesen sinnvoll sein. Konkret bieten sich hier zwei ergänzende Werkzeuge an: Der kontinuierliche Verbesserungsprozess/Kaizen und das Innovationsmanagement.

5.1.5.1 Kontinuierlicher Verbesserungsprozess und Kaizen

Im Zusammenhang mit dem betrieblichen Vorschlagswesen wird immer wieder auch der kontinuierliche Verbesserungsprozess genannt. Eine Zeit lang wurde stattdessen von Kaizen gesprochen, da die Idee herrschte, dieses Konzept sei alleine in Japan entwickelt worden. Inzwischen ist klar, dass auch die westliche Welt ihre Tradition der kontinuierlichen Verbesserung hat (vgl. Schat, 2018).

Ganz grob und holzschnittartig lassen sich betriebliches Vorschlagswesen und kontinuierlicher Verbesserungsprozess so ins Verhältnis setzen:

- Im betrieblichen Vorschlagswesen entwickeln Beschäftigte tendenziell in ihrer Freizeit Verbesserungsvorschläge. Für welches Problem die Beschäftigten einen Verbesserungsvorschlag entwickeln, mit welchen Methoden sie arbeiten, ob und wann sie einen Vorschlag entwickeln – all dies ist vollkommen den Einreichern selbst vorbehalten.
- Beim kontinuierlichen Vorschlagswesen entwickeln Beschäftigte tendenziell während der Arbeitszeit Ideen. Für welches Problem die Beschäftigten eine Idee entwickeln, mit welchen Methoden sie arbeiten und wann sie einen Vorschlag entwickeln – all dies wird vom Unternehmen vorgegeben.

Entsprechend ist ein Verbesserungsvorschlag im betrieblichen Vorschlagswesen eine Sonderleistung, die dann auch gesondert zu vergüten ist. Der kontinuierliche Verbesserungsprozess hingegen findet während der Arbeitszeit statt und ist damit auch mit dem Gehalt abgegolten.

5.1.5.2 Innovationsmanagement

Auch hier ist die Theorie eindeutig: Betriebliches Vorschlagswesen und kontinuierlicher Verbesserungsprozess kümmern sich um die kleinen Neuerungen. Innovationsmanagement organisiert die großen Innovationen. Die kleinen, inkrementellen und die großen, disruptiven Innovationen werden sogar als aufeinander folgende Phasen gesehen, wie in der folgenden Abb. 5.1.

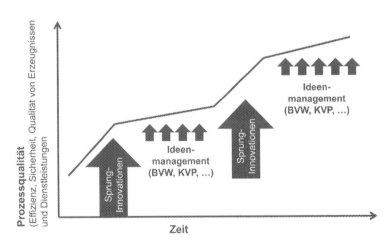

Abb. 5.1 Ideen- und Innovationsmanagement (Schat, 2017, S. 3)

Richtig daran ist, dass Innovationsmanagement tatsächlich einen eigenen Werkzeugkoffer entwickelt hat. Dieser unterscheidet technik- von nachfragegetriebenen Innovationen, kennt verschiedene Methoden, künftige Innovationen und Innovationsfelder früh zu erkennen, hat hilfreiche Methoden, Innovationen zu entwickeln und in verschiedenen Phasen eines Stage-Gate-Prozesses zu entscheiden, welche Entwicklungen weiter vorangetrieben werden sollen.

Richtig ist auch, dass dieser Werkzeugkasten für die ganz einfachen, kleinen Verbesserungsvorschläge aus dem betrieblichen Vorschlagswesen zu aufwendig wäre. Um einen Lieferanten zu wechseln, eine Box mit Büromaterial einige Meter zu versetzen oder eine zusätzliche Information in eine Bildschirmmaske aufzunehmen ist ein ausgearbeitetes Innovationsmanagement nicht notwendig.

In der Praxis sind die Grenzen manchmal nicht ganz so eindeutig. Es kommt vor, dass ein Verbesserungsvorschlag diskutiert und weiter ausgearbeitet wird und sich dann doch immer mehr in Richtung eines neuen Angebots der Verwaltung entwickelt. Umgekehrt kann sich ein Entwicklungsauftrag an das Innovationsmanagement als dann doch nicht ganz so vielversprechend herausstellen, aber immer noch einen sehr guten Verbesserungsvorschlag darstellen.

Sinnvoll wäre also, Ideen, Verbesserungsvorschläge und Entwicklungen zwischen dem Vorschlagswesen und dem Innovationsmanagement flexibel verschieben zu können – und falls ein kontinuierlicher Verbesserungsprozess existiert, dann auch dort die Informationen mit dem Innovationsmanagement und dem Vorschlagswesen zu teilen und für die Bearbeitung das System zu wählen, das am besten geeignet ist.

Aktuelle Software für das betriebliche Vorschlagswesen kann tatsächlich alle drei Systeme (kontinuierlicher Verbesserungsprozess, betriebliches Vorschlagswesen, Innovationsmanagement) abbilden und Ideen, Vorschläge und Projekte von einem System in ein anderes schieben.

Dabei kann es helfen, wenn Ideen- und Innovationsmanagement als gemeinsamer Bereich Verbesserungsprozess, Vorschlagswesen, Innovationsmanagement und vielleicht noch weitere, hier nicht aufgeführte Methoden wie Gesundheitsoder Qualitätszirkel, Business Excellence, Leane und agile Vorgehensweisen verantwortet.

Das große Bild

Wie kann das Ideenmanagement hier unterstützen? Gehen wir die einzelnen Punkte noch einmal durch.

- Digitalisierung am „grünen Tisch", alleine von Experten konzipiert, kann ein Ansatz sein. Nur: Aller Erfahrung nach wird dies nicht optimal funktionieren. Hingegen kann funktionieren: Digitalisierung, die ernst nimmt, wie tatsächlich im (Home-) Office gearbeitet wird, die Beteiligung von Betroffenen, das Einbeziehen von Beschäftigten, die bereits Jahre oder gar Jahrzehnte mit diesen Prozessen arbeiten. Ideenmanagement bietet hier bewährte Strukturen an, aber letztendlich ist es gleichgültig, ob ein kontinuierlicher Verbesserungsprozess angestoßen oder ob in einem Sprint die Prototypen entwickelt werden. Wichtig ist es, das Wissen und die Erfahrungen der Beschäftigten zu berücksichtigen. Der Name der Methode ist unwichtig.
- Ideenmanagement hat als betriebliches Vorschlagswesen seine Wurzeln in der Produktion. Eine wunderbar geplante Fabrik mit neuester Informations-, Kommunikations- und Produktionstechnik wird kaum von Tag 1 an perfekt funktionieren. Wiederum: Ob man hier Qualitätszirkel oder KVP-Gruppen einsetzt oder sich aus dem Werkzeugkasten des Lean Management bedient, ist zweitrangig – wichtig ist alleine das Ergebnis.
- Betriebliches Gesundheitsmanagement ohne Beteiligung der Beschäftigten ist schwer vorstellbar.
- Unternehmen und Verwaltungen, die direkt für private Kunden arbeiten, haben die Spezialisten für wandelnde Kundebedürfnis bereits an Bord: Ihre eigenen Beschäftigten. Häufig sind diese auch an den Produkten und Dienstleistungen ihrer Arbeitgeber bzw. Dienstherren interessiert. Vielleicht fließen hier die

© Der/die Autor(en), exklusiv lizenziert durch Springer Fachmedien Wiesbaden GmbH, ein Teil von Springer Nature 2022
G. Richenhagen und H.-D. Schat, *Vorschlagswesen zur Innovation in der Öffentlichen Verwaltung,* essentials,
https://doi.org/10.1007/978-3-658-37059-6_6

Ideen manchmal eher in das Innovations- als in das Ideenmanagement ein, aber auch hier ist das Resultat wichtiger als der Name des Managementsystems.

Zusammengefasst heißt das: Ja, das Ideenmanagement kann nach der Corona-Krise einen großen Unterschied bewirken. Wie genau dieser Unterschied aussehen wird? Das werden wir sehen. Ich bin gespannt – und freue mich, das Ideenmanagement in diesen spannenden Zeiten begleiten zu können.

Was Sie aus diesem *essential* mitnehmen können

- Ideenmanagement lohnt sich – wenn man es richtig einsetzt.
- Man kann Ideenmanagement mit wenig Aufwand starten.
- Mitarbeiterinnen und Mitarbeiter gestalten gerne Veränderung. Dazu braucht man die richtigen Werkzeuge.
- Öffentliche Verwaltungen bestehen aus Menschen. Wenn die Mitarbeitenden in den Verwaltungen nicht mitgenommen werden, dann wird ein Wandel nicht gelingen.
- Veränderungen und Aktivitäten der Mitarbeitenden führen zu einer neuen Kultur in der Verwaltung. Und das ist gut so.

Literatur und weitere Informationsquellen

Wo gibt es weitere Informationen?

Ein Autor dieses Buches

- betreibt den IdeenmanagementBlog.de
- ist Ko-Autor der Ideenmanagement Studien 2016, 2018 und 2022 (https://ide enmanagement-studie.de/)
- hat ein umfangreicheres Buch unter dem Titel „Erfolgreiches Ideenmanagement in der Praxis" verfasst (http://www.amazon.de/dp/3658144920/)
- hat das Buch „Ideen erfolgreich managen: Neue Perspektiven, aktuelle Branchenbeispiele, wissenschaftliche Grundlagen und Erkenntnisse" mit herausgegeben (http://www.amazon.de/dp/3658265191/)

Dort können weiter Informationen gefunden werden.

Außerdem betreiben die größeren Softwarehäuser für das betriebliche Vorschlagswesen jeweils einen Blog und bieten verschiedene Veranstaltungen für Beauftragte an. Konkret sind dies (in alphabetischer Reihenfolge)

- https://www.hypeinnovation.com/de
- https://www.innolytics.de/
- http://www.koblank.com/bestofkoblank.htm
- https://www.target-soft.com/
- https://www.trevios.com/

© Der/die Herausgeber bzw. der/die Autor(en), exklusiv lizenziert durch Springer Fachmedien Wiesbaden GmbH, ein Teil von Springer Nature 2022 G. Richenhagen und H.-D. Schat, *Vorschlagswesen zur Innovation in der Öffentlichen Verwaltung*, essentials, https://doi.org/10.1007/978-3-658-37059-6

Da immer wieder neue Anbieter auftreten ist eine aktuelle Internet-Recherche sinnvoll. Auch

- das Ingenieurbüro IdeenNetz (http://news.ideennetz.com/),
- der Unternehmensberater Dr. Hartmut Neckel (https://www.hartmut-nec kel.de/)
- das Österreichische Produktivitäts- und Wirtschaftlichkeits-Zentrum (https:// www.opwz.com/)
- die Schweizerische Gesellschaft für Ideen- und Innovationsmanagement (https://www.idee-suisse.ch/) und
- das Zentrum Ideenmanagement (https://www.zentrum-ideenmanagement.de/)

bieten Informationen und Veranstaltungen an.

Auf Xing und LinkedIn finden sich Gruppen für das Vorschlagswesen, die gelegentlich auch als Gruppen für das Ideenmanagement bezeichnet werden.

Literatur

Brem, A. (2016). Wie kann man Kreativität in Unternehmen stimulieren? Individuelle, gruppenspezifische und unternehmensweiter Kreativität im Ideen- und Innovationsmanagement. *Ideen- und Innovationsmanagement 3*, 87–90.

Franken, S. (Hg.). (2013). *Ideenräume gestalten*. Shaker

Gerlach, S., & Brem, A. (2017). Idea management revisited: A review of the literature and guide for implementation. *International Journal of Innovation Studies, 1*, 144–161.

Höckel, G. (1964). Keiner ist so klug wie alle. Econ

Krebs T 2021 Reform der Verwaltung ist überfällig. *Handelsblatt vom 1. bis 5*. April 2021, 10

Landmann, N., & Schat, HD. (2016). *Ideenmanagement Studie*. HLP.

Landmann, N., & Schat, HD. (2018). *Ideenmanagement Studie*. HLP.

Landmann, N., & Schat, HD. (2022). *Ideenmanagement Studie*.: Hype. Weitere Informationen unter https://ideenmanagement-studie.de

Neckel, H. (2004). *Modelle des Ideenmanagements*. Klett-Cotta.

Neckel, H. (2018). *Toolbox Ideenmanagement*. Schäfer Poeschel.

Richenhagen, G. (2017). Die Generation Y in der öffentlichen Verwaltung. *Innovative Verwaltung Heft 4*, 30 bis 31.

Richenhagen, G., & Schat, HD. (2019). Ideenmanagement in Behörden. In N. Landmann & H.-D Schat (Hg.), *Ideen erfolgreich managen. Neue Perspektiven, aktuelle Branchenbeispiele, wissenschaftliche Grundlagen und Erkenntnisse* (S. 201–210). Springer-Gabler

Schat, HD. (2015). Ideenmanagement als Kulturarbeit. In Buchenau P, Geßner M, Geßner C, Kölle A. (Hg.). *2016: Chefsache Nachhaltigkeit. Praxisbeispiele aus Unternehmen* (S. 299–314). Springer Gabler.

Schat, H. D. (2017). *Erfolgreiches Ideenmanagement in der Praxis*. Springer Gabler.

Schat, HD. (2017a). Der Ideenmanager als Coach: Auswirkungen. https://ideenmanagement blog.de/2017/10/31/der-ideenmanager-als-coach-auswirkungen/

Schat, HD. (2019a). Coaching und direkte Kommunikation im Ideenmanagement. https://ideenmanagementblog.de/2019/05/14/caoching-und-direkte-kommunikation-im-ideenmanagement/

Thom, N. (2003). *Betriebliches Vorschlagswesen. Ein Instrument der Betriebsführung und des Verbesserungsmanagements*. Peter Lang.

Stichwortverzeichnis

© Der/die Herausgeber bzw. der/die Autor(en), exklusiv lizenziert durch
Springer Fachmedien Wiesbaden GmbH, ein Teil von Springer Nature 2022
G. Richenhagen und H.-D. Schat, *Vorschlagswesen zur Innovation in der
Öffentlichen Verwaltung,* essentials,
https://doi.org/10.1007/978-3-658-37059-6

Printed in the United States
by Baker & Taylor Publisher Services